Wissenschaftliche Beiträge aus dem Tectum Verlag

Reihe Rechtswissenschaften

Wissenschaftliche Beiträge
aus dem Tectum Verlag

Reihe Rechtswissenschaften
Band 99

Carla Christine Tiberi

Einladungen und Geschenke im Zusammenhang mit Fußballspielen

Eine Untersuchung der rechtlichen, steuerlichen und regulatorischen Problemstellungen

Tectum Verlag

Carla Christine Tiberi
Einladungen und Geschenke im Zusammenhang mit Fußballspielen
Eine Untersuchung der rechtlichen, steuerlichen und regulatorischen Problemstellungen
Wissenschaftliche Beiträge aus dem Tectum Verlag
Reihe: Rechtswissenschaften; Bd. 99

ISBN: 978-3-8288-4074-4
ePDF: 978-3-8288-6911-0
ePub: 978-3-8288-6912-7
ISSN: 1861-7875

Umschlaggestaltung: Tectum Verlag, unter Verwendung des Bildes # 27386878 von Stockwerk-Fotodesign | www.fotolia.de

Druck und Bindung: docupoint GmbH, Barleben
Printed in Germany

Besuchen Sie uns im Internet
www.tectum-verlag.de

Bibliografische Informationen der Deutschen Nationalbibliothek
Die Deutsche Nationalbibliothek verzeichnet diese Publikation in der Deutschen Nationalbibliografie; detaillierte bibliografische Angaben sind im Internet über http://dnb.d-nb.de abrufbar.

Vorwort und Danksagung

Die vorliegende Arbeit wurde im Fachbereich Wirtschaft & Recht an der Rheinischen Fachhochschule Köln im Rahmen des Masterstudiengangs Compliance and Corporate Securities (LL.M.) im Sommersemester 2017 als Masterarbeit angenommen.

Mein herzlicher Dank gilt meinem Lebensgefährten, der mich während des gesamten Studiums mit Zuspruch und unendlicher Geduld unterstützt hat und mir die notwendige Zeit für dieses Projekt gegeben hat.

Mainz, im April 2018 Carla Christine Tiberi

Inhalt

1 Einleitung

Eine Einladung zu einem Fußballspiel und dazu noch einen Schal des Lieblingsclubs! Wer würde sich darüber nicht freuen?

Eine solche Einladung verbunden mit einem Geschenk wird in Deutschland häufig ausgesprochen, und genauso häufig fragen sich sowohl die Einladenden und Eingeladenen ob sie diese Einladung überhaupt aussprechen bzw. annehmen dürfen.

Welche Probleme könnten auf mich oder mein Unternehmen zukommen? Habe ich mit strafrechtlichen Konsequenzen zu rechnen oder mit steuerlichen Nachteilen? Oder gibt es vielleicht Unternehmensregeln, die eine Teilnahme an einer solchen Veranstaltung beschränken?

Viele Fragen gehen den Beteiligten durch den Kopf, die ohne weiteres gar nicht beantwortet werden können.

Aber wie kommt es überhaupt zu solchen Einladungen und Geschenken im Zusammenhang mit Fußballspielen? Nun, Unternehmen wollen gute, erfolgreiche und profitable Geschäfte machen und möglichst langfristig Erfolg haben. Geschenke und Einladungen können dabei legitime und durchaus angemessene Mittel zum Ausdruck einer Wertschätzung oder auch zur Stärkung von Geschäftsbeziehungen sein.

Bei einer Einladung zu einem Fußballspiel und/oder der Übergabe eines Geschenks kann die aufgelockerte Situation dem besseren Kennenlernen dienen und gleichzeitig für eine Information des potentiellen Kunden oder Bestandskunden über Produkte und Dienstleistungen des Unternehmens genutzt werden.

Was sollte also gegen ein Neujahrsgeschenk, eine Einladung zum Essen oder wie hier die Einladung zum gemeinsamen Besuch eines Fußballspiels sprechen? Kleine Geschenke erhalten die Freundschaft – oder nicht?

Ganz so einfach ist die Beurteilung leider nicht, denn es dürfte mittlerweile bekannt sein, dass zumindest exzessive oder unangemessene Einladungen und Geschenke nicht erlaubt sind.

Bedeutet dies nun im Umkehrschluss, dass es gar nicht mehr erlaubt ist, mit seinen Geschäftspartnern, Kunden oder potentiellen neuen Kunden zu einem gemeinsamen Fußballspiel zu gehen? Darf eine Einladung zum Essen überhaupt noch ausgesprochen werden, oder wandert man dafür direkt ins Gefängnis?

1.1 Problemstellung, Zielsetzung und Forschungsfrage

Problemstellung

Diese Kontroverse sowie die dazugehörigen rechtlichen, steuerrechtlichen und regulatorischen Aspekte sollen Thema der Arbeit sein und näher beleuchtet werden.

Nach Einführung des § 299 StGB[1] im Kernstrafrecht im Jahr 1997 ist die Diskussion erneut entfacht, wo die Grenze zwischen einem straflosen Geschenk und einer strafbaren Bestechung zu ziehen ist.[2] Seither hat diese Diskussion nichts an ihrer Aktualität eingebüßt. Zumal „Korruptionsdelikte" im StGB bereits zuvor durch die Vorteilsannahme bzw. Vorteilsgewährung und Bestechlichkeit bzw. Bestechung von Amtsträgern in den §§ 331 ff. StGB verortet waren.[3]

Seit 1997 muss nun auch im privatwirtschaftlichen Verkehr noch dezidierter entschieden werden, ob eine bisher übliche Geschäftspraktik, z. B. die Überreichung oder Annahme von Geschenken und Einladungen, eine strafbare Bestechungshandlung darstellt oder nicht. So kann beispielsweise die von einem Kunden zu Weihnachten verschenkte Weinflasche toleriert, die Einladung zu einem Fußballspiel aber kritisch betrachtet werden.

Für den Geschäftsmann in der Praxis stellen sich folgende Fragen: Wie verhalte ich mich in Bezug auf Geschenke und Einladungen richtig? Was ist in diesem Zusammenhang richtig und falsch? Anhand welcher Kriterien kann und muss ich dies beurteilen? Und was passiert, wenn ich etwas falsch mache?

1 Strafgesetzbuch

2 Vasilikou, *Zuwendungen im geschäftlichen Verkehr*, 21.

3 Beckemper in Beckemper und Rotsch, *Criminal Compliance*, 367, Rn 3.

Das sind Fragen über Fragen, die berechtigterweise gestellt werden, und die den Anwender in der Praxis allzu häufig vor schwierige Sachverhalte stellt, die nicht immer eindeutig beurteilt und entschieden werden können.

An dieser Stelle kann eine Brücke zur Compliance geschlagen werden, denn Compliance kann dabei helfen, rechtstreues Verhalten zu unterstützen. Eigentlich bedeutet Compliance nämlich nichts anderes als „Regeltreue" und greift damit einen elementaren Grundsatz der Geschäftswelt und des Sports auf.

Jede Sportart wird von einem Regelwerk bestimmt, und nur die Einhaltung dieser Regeln sichert den zentralen Fair-Play-Gedanken als immanenten Wert des Sports. Eine Verknüpfung von Compliance und Sport erscheint somit nicht nur sinnvoll, sondern kann sogar dabei helfen, den positiven Eindruck des Sports zu bewahren.

Zielsetzung

Ziel dieser Arbeit ist es daher, für Unternehmen, die öffentliche Hand, Privatpersonen und (Fußball-)Vereine Möglichkeiten zu entwickeln und aufzuzeigen, wie sie sich anlässlich von Geschenken und Einladungen im Zusammenhang mit Fußballspielen rechtstreu und compliant verhalten können.

Es soll dem Anwender in der Praxis möglich gemacht werden zu verstehen, wo die Schwierigkeiten und Fallstricke bei der Beurteilung der Sachverhalte rund um Geschenke und Einladungen im Zusammenhang mit Fußballspielen liegen und wie diese Beurteilungen möglichst praxisgerecht durchgeführt werden können, ohne ein Experte auf dem Gebiet der Rechtswissenschaften, der Steuerberatung oder Regulatorik zu sein.

Forschungsfrage

Wo liegt also die Grenze des Zulässigen für Geschenke und Einladungen im Zusammenhang mit Fußballspielen? Wie und inwieweit können Hilfsmittel entwickelt und umgesetzt werden, damit der Umgang mit Geschenken und Einladungen klar und verständlich geregelt werden kann?

Abgrenzung und Detaillierung der Forschungsfrage

In diesem Zusammenhang ist eine differenzierende Klärung der notwendigen Begrifflichkeiten notwendig. Auch eine Darstellung der Struktur des Vorteilbegriffs ist für die richtige Einschätzung der fraglichen Sachverhalte des § 299 StGB erforderlich. Es soll im Rahmen dieser Arbeit allerdings keine umfassende Untersuchung dieser Sachverhalte zu § 299 StGB erfolgen.

Vielmehr soll eine praktikable Abgrenzung von strafbaren und nicht strafbaren Vorteilen herausgearbeitet werden.

1.2 Vorgehensweise

Qualitative Forschungsmethode mit deduktivem (Top-down-)Ansatz
Zur Beantwortung der Forschungsfrage wird zunächst eine Darstellung der Beteiligten sowie der wichtigsten Begriffe, wie Korruption, Amtsträgereigenschaft, Vorteilsbegriff sowie Bestechung und Bestechlichkeit im Geschäftsverkehr, erfolgen.

Es wird dann untersucht, auf welcher Basis z. B. Vereine, Privatpersonen und Unternehmen verpflichtet sein können, Compliance-Regeln einzuhalten.

Im Rahmen der Untersuchung werden auch Sozialadäquanz und Transparenz in Bezug auf Geschenke und Einladungen im Zusammenhang mit Fußballspielen erörtert. Hier soll herausgefunden werden, wie und inwieweit diese Themen Einfluss auf die Beurteilung der Zulässigkeit von Geschenken und Einladungen haben.

Es wird weiterhin einen Überblick über steuerrechtliche Themen geben, da auch hierzu in der Praxis oft Unklarheit herrscht.

Weiterhin wird ein Exkurs in die Finanzdienstleistungsbranche und die dort einzuhaltenden regulatorischen Vorgaben erfolgt.

Es soll kurz dargestellt werden, ob die in der Finanzdienstleistungsbranche notwendigen Vorgehensweisen bezüglich Geschenken und Einladungen gegebenenfalls auf die Privatwirtschaft und die öffentliche Hand übertragen werden können.

Aus dem Zusammenspiel dieser Aspekte ergeben sich dann die praktischen Hinweise und Checklisten für die Beteiligten im Zusammenhang mit Fußballspielen.

2 Überblick über die Beteiligen

Für eine Einladung oder die Übergabe eines Geschenks werden immer mindestens zwei unterschiedliche Parteien benötigt. Eine Partei spricht die Einladung aus oder übergibt das Geschenk, während die andere Partei in der Empfängerrolle ist.

Zu Beginn muss daher festgestellt werden, wer Geschenke und Einladungen im Zusammenhang mit Fußballspielen übergeben bzw. aussprechen und empfangen kann. Hierbei können die Beteiligten in den meisten Fällen sowohl auf Geber- als auch auf Empfängerseite stehen. Einer Unterscheidung bedarf es diesbezüglich zunächst nicht.

2.1 Unternehmen der Privatwirtschaft

An erster Stelle sind hier Unternehmen der Privatwirtschaft zu nennen, die durch ihre Mitarbeiter, Geschäftsführer oder Vorstände sowohl Geber als auch Empfänger von Einladungen und Geschenken sein können. Hierunter fallen auch Selbständige wie z. B. Rechtsanwälte, Ärzte, Steuerberater oder andere freie Berufe, sofern sie nicht durch anderweitige Sondervereinbarungen der Gruppe der besonders verpflichteten Personen angehören (s. unten).

2.2 Fußballvereine und Fußballverbände

Auch Fußballvereine und Verbände können selbstverständlich an der Übergabe von Geschenken und Einladungen im Zusammenhang mit Fußballspielen beteiligt sein. Meistens sind die Vereine und Verbände zwar auf der Geberseite zu finden, nicht selten jedoch können auch Mitarbeiter, Spieler oder Vorstände der Vereine und Verbände von anderen Vereinen oder Verbänden eingeladen oder beschenkt werden.

2.3 Amtsträger, Politiker und weitere Personen dieses Personenkreises

Weitere Beteiligte können Amtsträger oder andere gleichgestellte, für den öffentlichen Dienst besonders verpflichtete Personen sein. Hier muss geklärt werden, wer Amtsträger sein kann. Hintergrund ist, dass tauglicher Täter der strafbewährten Vorteilsannahme gem. § 331 Abs. 1 StGB lediglich ein Amtsträger oder eine im Sinne des Strafrechts den Amtsträgern gleichgestellte, für den öffentlichen Dienst besonders verpflichtete Person sein kann. Diese Begriffe sind in § 11 Nr. 2 und Nr. 4 StGB definiert.[4]

2.3.1 Amtsträger

Fraglich ist, was genau unter einem Amtsträger zu verstehen ist. Amtsträger ist, wer nach deutschem Recht Beamter, Richter oder eine Person in einem sonstigen öffentlich-rechtlichen Amtsverhältnis ist (§ 11 Abs. 1 Satz 1 Nr. 2 StGB).

Der Amtsträgerbegriff umfasst dabei in- und ausländische Staatsbedienstete oder Mitarbeiter und leitende Angestellte eines staatlich beherrschten oder kontrollierten Unternehmens.[5]

Beispiele sind die Mitglieder der Bundesregierung und der Landesregierungen sowie Parlamentarische Staatssekretäre, Inhaber politischer Ämter, einschließlich exekutiver und legislativer Amtsinhaber, sowie Personen, die für ein politisches Amt kandidieren.

2.3.2 Amtsträgern gleichgestellte für den öffentlichen Dienst besonders verpflichtete Personen

In § 11 Abs. 1 Satz 1 Nr. 2c StGB wird von „gleichgestellten für den öffentlichen Dienst besonders verpflichteten Personen" gesprochen. Hier ist zu klären, um welche Personen es sich handelt und wie diese Personen erkannt werden können.

---

4 Fischer, *Strafgesetzbuch mit Nebengesetzen*, § 299 Rn 13,16.

5 Ein Unternehmen gilt als staatlich oder staatlich kontrolliert, wenn (i) der Staat mehr als 50 % des Unternehmens besitzt oder (ii) der Staat die Kontrolle über das Unternehmen ausübt oder (iii) der Staat von dem Unternehmen profitiert oder es subventioniert.

Amtsträger ist demnach auch, wer nach deutschem Recht auf sonstige Weise dazu bestellt ist, bei einer Behörde oder bei einer sonstigen Stelle oder in deren Auftrag Aufgaben der öffentlichen Verwaltung unbeschadet der zur Aufgabenerfüllung gewählten Organisationsform wahrzunehmen (§ 11 Abs. 1 Satz 1 Nr. 2c StGB).[6] Entscheidend sind die Art der zu bewältigenden Aufgaben und die wesentliche staatliche Einflussnahme.[7]

Darunter fallen Mitarbeiter öffentlich-rechtlicher Institute wie z. B. Landesbanken und Sparkassen. Angestellte von rechtsfähigen Körperschaften werden ebenso von der Definition erfasst wie Angestellte von Anstalten des öffentlichen Rechts, z. B. Kreise und Gemeinden, gesetzliche Krankenkassen, öffentlich-rechtliche Rundfunkanstalten (ZDF), berufsständische Versorgungswerke und Krankenhäuser.

Die hier aufgeführten Beispiele sind keinesfalls abschließend, und in Zweifelsfällen ist mit der Compliance-Abteilung zu klären, ob eine Person als Amtsträger zu behandeln ist.

Als genereller Merkposten kann aber gelten: Personen, die als Amtsträger in Betracht kommen, sind es meistens auch.

2.3.3 Erweiterung des Amtsträgerbegriffs

Wo sich die ursprünglich staatliche Leistungsverwaltung zur Ausführung der Daseinsvorsorge privatrechtlicher Organisationsformen bedient, sind Amtsträger ebenfalls zu finden. Hierdurch hat eine Erweiterung des Amtsträgerbegriffs stattgefunden.

Die Abgrenzung, wann genau eine Amtsträgereigenschaft bereits vorliegt, ist an einigen Stellen sehr schwer vorzunehmen.

Amtsträger können z. B. Angestellte kommunaler Einrichtungen sein, die als Krankenhausträger oder Energieversorger eine eigentlich öffentliche Aufgabe wahrnehmen. Allerdings wird die Organisation z. B. in Form einer GmbH geführt, die nicht sogleich auf einen Amtsträger schließen lässt. Auch Angestellte von Giroverbänden und Sparkassen

6 BGBl. I 1997, S. 2038.

7 Beckemper und Rotsch, *Criminal Compliance*, 372 m. w. N. Rathgeber, *Criminal Compliance*, 115.

zählen dazu, sofern diese als öffentlich-rechtliche Sparkassen ausgestaltet sind.[8]

Zumindest leitende Angestellte von Sparkassen nehmen aufgrund ihrer Tätigkeit im Rahmen des öffentlichen Auftrags der Sparkassen Aufgaben der öffentlichen Verwaltung im Sinne von § 11 Abs. 1 Nr. 2 Buchst. c) StGB wahr. Sie werden nur dann nicht als Amtsträger tätig, wenn sie Geschäfte tätigen, die von der Zweck- und Zielsetzung der Sparkasse völlig unabhängig sind. Dies dürfte auf Bankgeschäfte, der gerade als originärer Tätigkeitsbereich der Sparkassen gilt, kaum zutreffen.[9]

2.3.4 Notwendigkeit der Prüfung der Amtsträgereigenschaft

Die Weite und manchmal Undurchsichtigkeit des Amtsträgerbegriffs bedeutet für Unternehmen, dass im Rahmen des Geschäftsbetriebes geprüft werden muss, ob Geschäftspartner ggf. als Amtsträger identifiziert werden können bzw. müssen. Aufgrund der Strafandrohung in den §§ 331 ff. StGB von Freiheitsstrafe bis zu drei Jahren oder Geldstrafe erscheint eine gute Kenntnis der Rechtslage und genaue Beurteilung der Amtsträgereigenschaft immanent wichtig.

In der Praxis weisen Amtsträger mittlerweile häufig auf den Umstand hin, dass sie als Amtsträger oder als für den öffentlichen Dienst besonders verpflichtete Personen gelten. Dennoch muss oft im Einzelfall geprüft werden, ob es sich bei dem Geschäftskontakt um einen Amtsträger handelt oder nicht, um sich dementsprechend verhalten zu können.

Der Amtsträgerbegriff ist folglich ein sehr weit und komplex zu bestimmender Umstand undführt in der Praxis trotz aller Verbesserungen im Umgang immer noch zu schwierigen Abgrenzungen.

Die Geschäftskontakte sind auf jeden Fall gehalten und gut beraten, wenn sie immer einen prüfenden Blick auf diesen Umstand haben.

---

8 Rathgeber, *Criminal Compliance*, 116f. m. w. N.

9 Ebd., 116 m. w. N.

3 Strafrechtliche, steuerliche und regulatorische Probleme für die Beteiligten

Nachdem die möglichen Beteiligten genannt wurden, stellt sich nun die Frage, welche möglichen Probleme für die Beteiligten im Zusammenhang mit Geschenken und Einladungen anlässlich von Fußballspielen entstehen können.

Hier lassen sich die folgenden drei Problemkreise definieren:

1. Strafrechtliche Probleme
2. Steuerliche Probleme
3. Regulatorische Probleme

Als wichtigster Problemkreis erscheint zunächst der strafrechtliche Bereich, da beim Verwirklichen der entsprechenden Tatbestände empfindliche Strafen drohen. Die Entscheidung in Sachen EnBW kann als Einstieg dienen, um zu zeigen dass Einladungen und Geschenke im Zusammenhang mit Fußballspielen eine große Bedeutung in der strafrechtlichen Beurteilung haben können.

3.1 Die Entscheidung in Sachen EnBW

Als Problemaufriss dient die Entscheidung des BGH in Sachen Energie Baden-Württemberg-AG (fortan: EnBW) wegen der Strafbarkeit von Unternehmern, die Amtsträger zu Sportveranstaltungen oder vergleichbaren Events einladen. Daraus entsteht die strafrechtliche Problematik, inwieweit durch diese Einladung der Tatbestand der Vorteilsgewährung verwirklicht wird.

Gegenstand der Anklage war der ehemalige Vorstandsvorsitzende des Energiekonzerns EnBW – wegen Vorteilsgewährung durch die Vergabe von Eintrittskarten zur Fußball-WM 2006 in Deutschland.[10]

3.1.1 Zusammenfassung und Darstellung der Entscheidung

In seiner Entscheidung kommt der BGH zu dem Schluss, dass der Angeklagte von den Vorwürfen der Vorteilsgewährung in sieben Fällen freizusprechen war. Die Revision der Staatsanwaltschaft gegen die Entscheidung des Landgerichts Karlsruhe konnte damit weder erfolgreich auf die Verletzung formellen noch materiellen Rechts gestützt werden und wurde vom BGH verworfen.

Der BGH merkte in seiner Entscheidung[11] vom 14.10.2008 allerdings an, dass es an „trennscharfen Konturen" zur Unterscheidung von verbotenem und erlaubtem Verhalten fehle. In den Leitsätzen zu seiner Entscheidung schreibt er:

> „Die für eine Vorteilsgewährung nach § 333 Abs. 1 StGB erforderliche (angestrebte) Unrechtsvereinbarung setzt voraus, dass der Vorteilsgeber mit dem Ziel handelt, auf die künftige Dienstausübung des Amtsträgers Einfluss zu nehmen und/oder seine vergangene Dienstausübung zu honorieren, wobei eine solche dienstliche Tätigkeit nach seinen Vorstellungen nicht – noch nicht einmal in groben Umrissen – konkretisiert sein muss. (BGHSt)".[12]

In die Würdigung, ob eine solche Unrechtsvereinbarung vorliegt, fließen laut BGH neben der Plausibilität einer anderen Zielsetzung auch die Stellung des Amtsträgers, die Beziehung des Vorteilsgebers zu dessen dienstlichen Aufgaben, die Vorgehensweise bei dem Angebot, dem Versprechen oder dem Gewähren von Vorteilen (Heimlichkeit oder Transparenz) sowie die Art, der Wert und die Zahl solcher Vorteile ein.[13]

---

10 „BGH 1 StR 260/08 – 14. Oktober 2008 (LG Karlsruhe)".

11 Ebd., Rn 36.

12 „BGH 1 StR 260/08 – 14. Oktober 2008 (LG Karlsruhe)".

13 Ebd.

Laut BGH lagen ausreichende, den Angeklagten erheblich belastende Indizien vor, die berechtigten Anlass zu einer gegen ihn gerichteten Anklage gegeben hatten. Aufgrund der noch ungesicherten Rechtslage bestand auch ein erhöhtes Interesse daran, eine höchstrichterliche Entscheidung herbeizuführen.[14]

Nach Ansicht des BGH ging das Landgericht aber dennoch rechtsfehlerfrei davon aus, dass trotz dieser belastenden Indizien der Angeklagte die Versendung der Gutscheine nicht veranlasste, um eventuelle dienstliche Tätigkeiten der bedachten Amtsträger zu honorieren oder zu beeinflussen.[15] Im Ergebnis bleibt es daher bei dem Freispruch des Angeklagten.

3.1.2 Besprechung und kritische Würdigung der Entscheidung

Die tatsächlichen Hintergründe der höchstrichterlichen Entscheidung (BGH, 1 StR 260/08, Az.: 14.10.2008) lassen sich etwas vereinfacht so darstellen, dass der damalige Leiter der EnBW hochrangige Amtsträger zu ausgewählten Spielen der Fußball-WM 2006 in die Ehrenloge des Unternehmens eingeladen hatte. Die EnBW war Hauptsponsor der FIFA-WM 2006 und der einzige nationale Sponsor aus Baden-Württemberg. Diese Einladungen sollten nach dem Vortrag des Leiters der EnBW nur der Umsetzung des unternehmensinternen Sponsoring-Konzeptes dienen. Die Erlangung eines anderweitigen Vorteils sei ausdrücklich nicht das Ziel gewesen.

In diesem Fall wurde der Angeklagte von den Vorwürfen freigesprochen. In der Folge stellt sich allerdings die Frage, wie in Zukunft die strafbare Korruption von den nicht strafbaren Sponsorings und sonstigen Aktivitäten (wie z. B. Einladungen) eines Unternehmens abgegrenzt werden kann. Der Einladende soll dann rechtmäßig handeln, wenn die Einladung völlig unabhängig von der Dienstausübung des Amtsträgers ist. Die Strafbarkeit nach § 333 StGB könnte nach Ansicht des BGH wohl aber doch in Betracht gezogen werden, wenn eine Unrechtsvereinbarung zwischen den Parteien geschlossen wurde. Diese

14 Ebd., Rn 52.

15 Ebd.

Unrechtsvereinbarung ist dann anzunehmen, wenn sich der durch die Einladung erhaltene Vorteil auf die konkrete Dienstausübung auswirkt.[16]

Die Hauptfrage dürfte dann darin liegen, welcher Zweck mit der Einladung des Amtsträgers verfolgt wurde. Da dies jedoch eine innere Tatsache ist, kann sie ausschließlich im Rahmen der Beweiswürdigung beurteilt werden. Diese vorzunehmende Abwägung aller (auch inneren) Umstände dürfte sich schwierig gestalten, muss sie doch u. a. die Überlegung beinhalten, ob die Vorgänge ausreichende Transparenz aufgewiesen haben und welchen Wert der mit der Einladung verbundene Vorteil hatte.

Nach Ausführung des BGH ist das Bestehen einer dienstlichen Beziehung zwischen dem Sponsor und dem eingeladenen Amtsträger eine wesentliche Voraussetzung für die Verwirklichung des Tatbestandes des § 333 StGB. Allerdings soll laut BGH die Vermutung zu Gunsten des Sponsors angenommen werden, dass die Zuwendung lediglich zur Förderung des Sponsorings gewährt wurde.

3.1.3 Zwischenfazit

Nach Würdigung der Entscheidung des BGH in Sachen EnBW zeigt sich, dass sich die Frage der Strafbarkeit für Eingeladene und Einladende nicht merklich klarer darstellt. Nach wie vor herrscht ein hohes Maß an Unsicherheit, wann bereits eine Strafbarkeit bestehen könnte.

Wie bereits eingangs erwähnt, gibt es aber auch weiterhin ein Interesse daran, Geschenke und Einladungen vergeben zu können, ohne in die Gefahr von gegen sich gerichteten Ermittlungen wegen Vorteilsgewährung oder Bestechung zu kommen.

Hinzu kommt, dass die immer wieder auftretenden Meldungen zu Korruptionsverdachtsfällen z. B. im Zusammenhang mit der Vergabe der Turniere der FIFA oder der Vergabe von Freikarten an Mitarbeiter, Geschäftspartner oder politische Mandatsträger zu Misstrauen, schlechter Reputation und Vertrauensverlust führen.

16 EnBW Urteil, *BGH, 14. 10. 2008 – 1 StR 260/08 – Tickets an politische Funktionsträger* auf 76, 78; CCZ 2009 mit Anmerkung Greeve.

Diese Folgen wollen Unternehmen, Vereine und Verbände vermeiden und benötigen dazu praktikable Werkzeuge und entsprechende Maßnahmen.

3.2 Strafrechtliche Probleme – Korruption

Wie soeben dargestellt, haben die Strafverfolgungsbehörden Geschenke und Einladungen im Zusammenhang mit Fußballspielen schon länger unter die Lupe genommen. Es ist daher wichtig zu verstehen, welche Straftatbestände ggf. verwirklicht werden können.

Ein möglicher Straftatbestand könnte die gemeinhin bekannte Korruption sein. Zunächst stellt sich aber die Frage, was man unter Korruption versteht.

Auf der Suche nach einer allgemeingültigen Definition stellt man nämlich schnell fest, dass das Strafgesetzbuch den Begriff der Korruption nicht verwendet und damit eine allgemeingültige und anerkannte Definition in diesem Bereich fehlt.

Die Auseinandersetzung mit dem Thema Korruption und den dazugehörigen Begriffen wie Bestechung und Bestechlichkeit erfordern aber ein klares Verständnis, was darunter zu verstehen ist.

3.2.1 Verschiedene Begriffsbestimmungen von Korruption

Es stellt sich die Frage, wie der Begriff der Korruption hergeleitet und bestimmt werden kann, um ein möglichst klares Verständnis von Korruption zu erhalten.

Hierbei stößt man auf die Bereiche Strafrecht, Kriminologie, Soziologie, Politikwissenschaften, Sozialpsychologie und Wirtschaftswissenschaften, die sich alle sehr ausführlich mit der Begriffsbestimmung von Korruption auseinandersetzen.

In den genannten Bereichen erfolgt allerdings eine sehr unterschiedliche Annäherung an den Begriff der Korruption und auch seine Bestimmung, Interpretation und die vorgeschlagenen Methoden der Behandlung von Korruption fallen je nach Fachgebiet sehr unterschiedlich aus.

Auf die unterschiedlichen Begriffsbestimmungen kann im Rahmen dieser Arbeit nicht näher eingegangen werden. Es lässt sich aber ein gemeinsamer Kern aller genannten Wissenschaften feststellen.[17] Dieser gemeinsame Kern kann als Begriffsbestimmung für Korruption übernommen werden, da die Gemeinsamkeiten ein gutes Gesamtverständnis des Begriffs der Korruption darstellen.

Korruption wird daher nach überwiegender Auffassung als ein Missbrauch von anvertrauter Macht zu privatem Nutzen verstanden, also zur Erlangung eines eigennützigen immateriellen oder materiellen Vorteils, auf den kein rechtlich begründeter Anspruch besteht.[18]

Der Begriff der Korruption wird aus dem lateinischen „corrumpere" abgeleitet und bedeutet so viel wie verderben, bestechen oder vernichten. Er erhält allein dadurch eine an sich moralische und sogleich negativ belegte Deutung.[19] In dieser moralischen Deutung spiegelt sich das Verständnis von Eigennutz zulasten des Allgemeinwohls wider.

Noch deutlicher wird dieses Verständnis, wenn man Korruption als Missbrauch von Macht bzw. sogar öffentlicher Gewalt zur Erlangung privater Vorteile interpretiert.[20]

Der Begriff der Korruption ist also sowohl im öffentlichen Verständnis als auch in den Medien negativ belegt und enthält meist einen anstößigen Charakter. Korrupte Machenschaften können sowohl in den Bereichen der Politik oder der Privatwirtschaft, der öffentlichen Verwaltung oder, wie in jüngster Vergangenheit leider vermehrt, auch im Sport auftreten.

---

17 Zimmermann, „Die arbeitsrechtliche Implementierung von Compliance-Richtlinien und Konse-quenzen bei Bestechlichkeit und Bestechung im geschäftlichen Verkehr (eBook, ePUB)", Kap. 2.1.

18 Ax, Schneider, und Scheffen, *Rechtshandbuch Korruptionsbekämpfung*, Rn 175; Zimmermann, „Die arbeitsrechtliche Implementierung von Compliance-Richtlinien und Konsequenzen bei Bestechlichkeit und Bestechung im geschäftlichen Verkehr (eBook, ePUB)", Kap. 2.1.

19 Überhofen, *Korruption und Bestechungsdelikte im staatlichen Bereich. Ein Rechtsvergleich und Reformüberlegungen zum deutschen Recht.*, 30; Ax, Schneider, und Scheffen, *Rechtshandbuch Korruptionsbekämpfung*, Rn 176.

20 Überhofen, *Korruption und Bestechungsdelikte im staatlichen Bereich. Ein Rechtsvergleich und Reformüberlegungen zum deutschen Recht.*, 42; Noack, *Korruption, die andere Seite der Macht*, 16 f.

Aufgrund des anstößigen Charakters von Korruption hat ihr Bekanntwerden in der Öffentlichkeit nicht nur strafrechtliche oder manchmal sogar kartellrechtliche Konsequenzen. Schwerwiegender für viele Unternehmen, Fußballvereine oder Verbände sind die Reputationsschäden und der damit einhergehende Vertrauensverlust der Öffentlichkeit. Diese Schäden sind oft langfristig und in manchen Fällen sogar irreparabel. Sie haften an einem Unternehmen oder Verein wie Pech und sind nur mit größten Anstrengungen wieder zu beheben.

Zu den Delikten, die im StGB zu den Korruptionsdelikten gezählt werden, gehören die Bestechung und Bestechlichkeit von Amtsträgern gemäß §§ 331 ff. StGB,[21] Vorteilsannahme und Vorteilsgewährung sowie Bestechung und Bestechlichkeit im geschäftlichen Verkehr gem. §§ 299, 300 StGB.

3.2.2 Allgemeingültige Merkmale von Korruption

Fraglich ist, ob sich nach dem oben gesagten allgemeingültige Merkmale von Korruption finden lassen. Gibt es auch keine allgemeingültige Definition für Korruption, so haben sich doch im Rahmen kriminologischer Forschungen Merkmale von Korruption herausgebildet, die allgemein anerkannt werden.[22]

Der Begriff der Korruption umfasst danach die folgenden Merkmale:

- Missbrauch eines öffentlichen Amtes
- einer Funktion in der Wirtschaft oder
- eines politischen Mandats
- zugunsten eines anderen
- auf dessen Veranlassung oder aus Eigeninitiative
- zur Erlangung eines Vorteils für sich oder einen Dritten

21 §§ ohne Angabe eines Gesetzes sind solche des StGB.

22 Vahlenkamp und Knauß, *Korruption – hinnehmen oder handeln ?*, 20 f; Pfefferle und Pfefferle, *Korruption im geschäftlichen Verkehr*, 1; Ax, Schneider, und Scheffen, *Rechtshandbuch Korruptionsbekämpfung*, Rn 176.

- mit Eintritt oder in Erwartung des Eintritts eines Schadens oder Nachteils für die Allgemeinheit (in amtlicher oder politischer Funktion) oder für ein Unternehmen (betreffend Täter als Funktionsträger in der Wirtschaft).[23]

Dabei ist der Begriff der Korruption in diesem Zusammenhang nicht eng zu verstehen, sondern umfasst ebenso die Begriffe der Bestechung, Bestechlichkeit, Vorteilsnahme und Vorteilsgewährung.

Das zu beurteilende Verhalten einer Person weicht dann von den normalen Pflichten beispielsweise einer öffentlichen Rolle ab, um sich privat orientierte, finanzielle oder immaterielle Vorteile oder Statusgewinne zu verschaffen.[24] Die Abweichung des Verhaltens kann sich dabei auf moralische Allgemeinstandards, Amtspflichten oder auch Gesetze beziehen.

Austausch von Vorteilen

Ein wichtiger Punkt bei der Betrachtung der Korruption ist der Austausch von Vorteilen zwischen zwei oder auch mehreren Beteiligten. Jeder Beteiligte erhält eine „Leistung", bei der es sich nicht zwangsläufig um Geld handeln muss, obwohl dies eine wohl übliche Form der Korruption darstellt. Aber auch andere Vorteile können ausgetauscht werden. Es kommt insoweit nur darauf an, ob die ausgetauschten Vorteile für die Parteien von Interesse sind. Allein dadurch werden sie zum geeigneten Gegenstand von Korruption.[25]

---

23 „BKA – Bundeslagebilder Korruption – Bundeslagebild Korruption 2015", 3; Ax, Schneider, und Scheffen, *Rechtshandbuch Korruptionsbekämpfung*, Rn 176; Stanitzek, *Die Bedeutung von Criminal Compliance für das Strafrecht bei der Bekämpfung von Wirtschaftskorruption*, 8 f.

24 Vasilikou, *Zuwendungen im geschäftlichen Verkehr*, 28; Überhofen, *Korruption und Bestechungsdelikte im staatlichen Bereich. Ein Rechtsvergleich und Reformüberlegungen zum deutschen Recht.*, 44; Zimmermann, „Die arbeitsrechtliche Implementierung von Compliance-Richtlinien und Konsequenzen bei Bestechlichkeit und Bestechung im geschäftlichen Verkehr (eBook, ePUB)", Kap. 2.1.

25 Korruptionszahlungen oder Korruptionsleistungen können z. B. in Form von einfachen Barzahlungen, Überweisungen, Scheckübergaben, Provisionszahlungen, Handelsvertreterzahlungen, sog. „Kickbacks" (Rückvergütungen überhöhter Kaufpreise), Preisnachlässen, günstigen Darlehen, Bewirtungen

Fraglich ist, ob es sich bei dem Austausch der Vorteile um einen Tausch handelt.

Würde man die Sichtweise des reinen Tausches annehmen und unreflektiert übernehmen, so könnte keine Abgrenzung zu anderen, rechtlich zulässigen „Tauschhandlungen" erfolgen.[26] Tauschhandlungen, z. B. auf einem Markt oder einer Tauschbörse für Fußballtickets, stellen z. B. mangels einer Unrechtsvereinbarung gerade keine korrupten Handlungen dar, obwohl dies für die Beteiligten jeweils einen vorteilhaften Umstand darstellt.[27]

Bei dem Gedanken des Tausches kommt es somit darauf an, gerade nicht gleichartige Gegenstände oder Vorteile zu tauschen. Plakativ dargestellt wäre ein Tausch Geld gegen Geld wohl nicht geeignet eine bestimmte Leistung zu erhalten, wohingegen der Tausch Geld gegen Dienstleistung den Tatbestand der Korruption (bei Hinzutreten weiterer Voraussetzungen) erfüllen kann.

Heimlichkeit der Korruption

Ein weiteres Merkmal von Korruption ist die Heimlichkeit. Typischerweise unterliegt der Austausch der oben beschriebenen Vorteile einer gewissen Heimlichkeit, da sich die Beteiligten einer korrupten Handlung über die strafbare Qualität im Klaren sind bzw. diese zumindest vermuten.

Hierbei sind die Tarnungs- und Verschleierungsmethoden äußerst divers, und dem Erfindungsreichtum sind kaum Grenzen gesetzt.[28] Die Methoden reichen von einfachem Lügen über Fälschen von Belegen / Dokumenten bis hin zum Erfinden von Tatsachen, Gegebenheiten oder

oder Einladungen zu Reisen erfolgen. Denkbar sind an dieser Stelle auch noch weitere Leistungen, wobei auch in Zukunft kreative Wege gefunden werden dürften, um Korruptionsleistungen „an den Mann" zu bringen.

26 Pfefferle und Pfefferle, *Korruption im geschäftlichen Verkehr*, 1.

27 Vasilikou, *Zuwendungen im geschäftlichen Verkehr*, 28 Auch der Hinweis, dass der „korrupte" Tausch illegal sein soll verfängt nicht, da dies eine vorweggenommene Wertung darstellt. Eine Hehlerei ist ebenfalls als „Tausch" zu sehen, stellt aber nach allgemeinem Verständnis keine Korruption dar.

28 Androulakis, *Die Globalisierung der Korruptionsbekämpfung*, 47.

sogar komplexen Sachverhalten, um den Missbrauch der Vertrauensstellung, also den Treuebruch aus eigennützigen Motiven, zu verbergen.[29]

3.2.3 Taugliche Täter der Korruption

Es stellt sich die Frage nach den tauglichen Tätern und Beteiligten der Korruption.

Dies kann beantwortet werden, indem man den Bestechenden, den Bestochenen und ggf. den Auftraggeber des Bestochenen und ihre jeweiligen Handlungen im Verlaufe der Korruption betrachtet. Die Korruption bezeichnet dabei die Aktivitäten des „Gebers" und des „Empfängers". Es ist dabei unerheblich, welche Person (Gebender oder Empfänger) die Machtposition oder Vertrauensstellung missbraucht.

Prinzipiell kann jede natürliche Person Täter sein, die in einer Positionen entweder für sich selbst, für andere natürliche Personen, Behörden, Staaten, Vereine oder Unternehmen handelt. Da Korruption in so vielfältigen Konstellationen möglich ist, können Korruptionstaten zwischen zwei, drei oder auch noch mehr Parteien auftreten und sind je nach Komplexität äußerst schwer aufzudecken.

3.2.4 Beispiel eines Dreiecksverhältnisses von Korruption

Beispielhaft dargestellt haben der Auftraggeber (Dienstherr oder Vorgesetzter) des Bestochenen und der Bestochene in der Regel eine vertragliche oder auch dienstliche Beziehung. Der Auftraggeber des Bestochenen stattet diesen (Bestochenen) sodann mit Entscheidungsbefugnissen und ggf. finanziellen Mitteln aus, um die Erfüllung seiner vertraglichen oder dienstlichen Aufgaben zu ermöglichen. Damit erhält der Bestochene eine gewisse Machtposition, die er nutzen kann, um dem Bestechenden im Tausch eine Gegenleistung anbieten zu können.

Beispiel: Der Auftraggeber des Bestochenen ist der Vorstand eines Fußballvereins, der Bestochene der Abteilungsleiter der Ticketing-Abteilung, und der Bestechende ist ein Unternehmer, der Tickets für ein wichtiges Spiel kaufen möchte. Die Tickets sind allerdings bis auf ein Sonderkontingent ausverkauft und nicht mehr erhältlich. Der Bestechende lässt dem Leiter der Ticketing-Abteilung nun einen signifikan-

29 Vasilikou, *Zuwendungen im geschäftlichen Verkehr*, 28.

ten Geldbetrag zukommen, der weit über den normalen Ticketpreis hinausgeht, und erhält im Gegenzug Tickets aus dem Sonderkontingent, über das der Leiter der Ticketing-Abteilung freien Zugriff hat.

Das Dienstverhältnis beinhaltet das Vertrauensverhältnis und die entsprechende Machtposition.

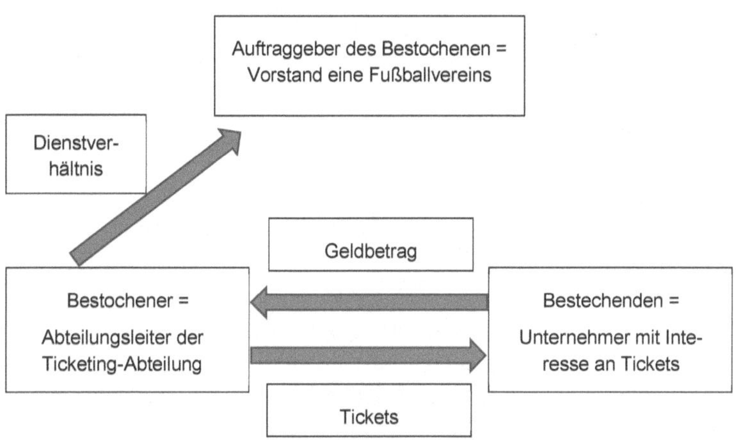

Abbildung 1: Darstellung des Dreiecksverhältnisses beim Betrug

3.2.5 Zwischenfazit, eigene Schlussfolgerung und Definition

Als Zwischenfazit kann zusammengefasst werden, dass durch die dargestellten Merkmale von Korruption und insbesondere durch den Machtmissbrauch und die Erwartung eines Schadens oder Nachteils entweder für die Allgemeinheit oder ein Unternehmen der verwerfliche Charakter der Tathandlung deutlich wird.

Korruption erfolgt damit immer zulasten eines anderen, z. B. einer Person, eines Unternehmens oder sogar Staates, wodurch die erstere Partei einen für sie relevanten Vorteil erhält bzw. sich verschaffen kann.

Es ist dabei unerheblich ob die belastete Partei in einem direkten oder indirekten Verhältnis zu den korrupten Parteien steht. Regelmäßig wird aber ein direktes Verhältnis bestehen, meist in Form eines Dienst- oder Arbeitsverhältnisses.

Korruption könnte folglich definiert werden als die zielgerichtete Vorteilsgewährung einer Person und die entsprechende Vorteilsannahme einer anderen Person, mit der Intention, dem Geber des Vorteils selbst oder einer dritten Person einen Vorteil zu verschaffen, auf den weder der Geber des Vorteils noch der Dritte einen rechtlichen oder anderweitig gerechtfertigten Anspruch hat. Diese Vorteilsgewährung erfolgt stets unter Ausübung von Macht oder sonstiger Einflussnahme, gleich ob es sich dabei um Ausübung wirtschaftlicher, öffentlicher oder politischer Macht handelt.

3.3 Strafrechtliche Probleme – Öffentliche Korruption §§ 331 ff. StGB

Fraglich ist, wie die öffentliche Korruption im Vergleich bzw. in Abgrenzung zur „privaten" Korruption einzustufen ist.

Die öffentliche Korruption bezieht sich auf solche Erscheinungsformen, bei denen der Staat involviert ist. In Abgrenzung hierzu spielt sich die private Korruption im offenen oder auch freien Markt ab (Privatwirtschaft).[30]

Die sogenannte öffentliche Korruption umfasst die Tatbestände der Vorteilsannahme und der Bestechlichkeit, §§ 331, 332 StGB. Die Tatbestände der Vorteilsgewährung und Bestechung für den Vorteilsgeber sind in den §§ 333 und 334 StGB geregelt.

Fraglich ist, ob dies etwas mit Geschenken und Einladungen im Zusammenhang mit Fußballspielen zu tun hat.

3.3.1 Geschütztes Rechtsgut

Diese eben gestellte Frage lässt sich gut über das geschützte Rechtsgut der §§ beantworten. Die Schutzrichtung der Korruptionsdelikte im Amt ist das Interesse jedes einzelnen Bürgers an einer ordnungsgemäßen staatlichen Verwaltung und Rechtspflege. Geschützt werden sollen das Ver-

30 Ebd., 27.

trauen der Bürger in die Sachlichkeit staatlicher Entscheidungen sowie die Lauterkeit des öffentlichen Dienstes.[31]

Es soll insoweit jeder „böse Anschein“[32] einer regelwidrigen, kausalen Beziehung zwischen einer Amtshandlung und der Gewährung eines Vorteils ausgeschlossen werden. Denn bereits der Anschein eines pflichtwidrigen Verhaltens ist geeignet, das Vertrauen der Allgemeinheit in die Unparteilichkeit des Staates und der staatlichen Entscheidungen nachhaltig zu beeinträchtigen.

Daraus folgt, dass bei der strafrechtlichen Verfolgung der Amtsträgerkorruption die Lauterkeit des öffentlichen Dienstes geschützt wird, während bei der Verfolgung der privaten Bestechung der freie Wettbewerb und das Vermögen geschützt werden sollen.[33]

Hier liegt auch der Anknüpfungspunkt zum Fußball, denn gerade Amtsträger können als Repräsentanten ihres Landes, der Stadt oder des Bundeslandes eingeladen werden. Wie aus dem EnBW-Fall deutlich geworden ist, werden an solche Einladungen hohe Maßstäbe angelegt. Dadurch steigt die Relevanz dieser Vorschriften deutlich.

3.3.2 Tauglicher Täterkreis

Fraglich ist, wer bei den §§ 331 ff. StGB als tauglicher Täterkreis in Betracht kommt. Diese Delikte können ausweislich des Gesetzeswortlauts unstreitig lediglich von Amtsträgern bzw. im Sinne des Strafrechts den Amtsträgern gleichgestellten, für den öffentlichen Dienst besonders verpflichteten Personen als taugliche Täter der §§ 331 ff. StGB begangen werden.

Der Begriff der öffentlichen Korruption unterscheidet sich daher immanent von dem Begriff der „privaten“ Korruption im Hinblick auf den tauglichen Täterkreis der Delikte.

Nichts desto trotz haben die Vorschriften für Fußballvereine und Verbände eine große Relevanz, denn die Vorschriften richten sich zwar primär an Amtsträger etc. Jedoch möchte ein Verein nicht in den Ruf gera-

---

31 Beckemper und Rotsch, *Criminal Compliance*, 371.; BGH Urt. v. 11.4.2001 – 3 StR 503/00 = NJW 2001, 2558f.; BGH, Urt. v. 23.05.2002 – 1 StR 372/01 = NJW 2002, 2801, 2803.

32 BGH, Urt. v. 02.02.2005 – 5 StR 168/04 = NStZ 2005, 334 f.

33 Vasilikou, *Zuwendungen im geschäftlichen Verkehr*, 47.

ten, Amtsträger zu bestechen. Eine Kenntnis der Sachlage schadet daher keinesfalls.

3.4 Strafrechtliche Probleme – Bestechlichkeit und Bestechung im geschäftlichen Verkehr § 299 StGB

Weiterhin könnten bei der Vergabe von Geschenken und Einladungen im Zusammenhang mit Fußballspielen Probleme aus dem Bereich der Bestechlichkeit und Bestechung im geschäftlichen Verkehr auftreten.

In Abgrenzung zu dem Begriff der Korruption stößt man im Strafrecht auch auf den § 299 StGB, der den Tatbestand der Bestechlichkeit und Bestechung im geschäftlichen Verkehr normiert. Vereinfachend wird Korruption oft mit Bestechung gleich gesetzt.[34] Dies trifft den Kern der Begriffe jedoch nicht.

Betrachtet man die sprachwissenschaftliche Bedeutung beider Begriffe gelangt man zu dem Ergebnis, dass Korruption einen weiteren Sinn hat und daher als Oberbegriff im Verhältnis zur Bestechung genutzt wird.[35] Beide Begriffe sollten und werden daher getrennt voneinander betrachtet.

Der Begriff der Bestechung weist insoweit die folgenden Merkmale auf:[36]

- ein Dreiecksverhältnis zwischen Prinzipal, Agent und einem Dritten (der Klient)

34 Ebd., 36; Überhofen, *Korruption und Bestechungsdelikte im staatlichen Bereich. Ein Rechtsvergleich und Reformüberlegungen zum deutschen Recht.*, 29 m. w. N.; Vahlenkamp und Knauß, *Korruption – hinnehmen oder handeln?*, 251; Androulakis, *Die Globalisierung der Korruptionsbekämpfung*, 33.

35 Überhofen, *Korruption und Bestechungsdelikte im staatlichen Bereich. Ein Rechtsvergleich und Reformüberlegungen zum deutschen Recht.*, 29 m. w. N.; Vasilikou, *Zuwendungen im geschäftlichen Verkehr*, 36; Noack, *Korruption, die andere Seite der Macht*, 13.

36 Androulakis, *Die Globalisierung der Korruptionsbekämpfung*, 39; Vasilikou, *Zuwendungen im geschäftlichen Verkehr*, 37.

- eine Transaktionsbeziehung, deren Kern ein nicht geschuldeter Vorteil ist
- ein Eigeninteresse des Dritten
- eine Täuschungshandlung
- die Geheimhaltung des Verhältnisses
- Eintritt eines Vertrauensverlustes bei Bekanntwerden der Bestechungsumstände in das betroffene System

Zur Erklärung des Dreiecksverhältnisses sei auf das Schaubild oben verwiesen. Die Bestechung erfolgt meist zwischen lediglich zwei Individuen. Die dritte Person ist der Dienstherr, der entweder geschädigt oder auch bevorzugt sein kann.

Der Unterschied zwischen Korruption und Bestechung liegt hiernach darin, dass bei der Bestechung ein Dreiecksverhältnis besteht, welches den Kern der Tathandlung darstellt, wobei das Interesse des Dritten ebenfalls einen gewichtigen Beurteilungspunkt bildet.

Bei der Korruption hingegen liegt der Schwerpunkt im Machtmissbrauch. Die Bestechung ist daher als Unterfall der Korruption zu werten.

Im Rahmen des § 299 StGB wird sowohl die passive (Abs. 1) als auch die aktive (Abs. 2) Bestechung im geschäftlichen Verkehr behandelt. Handlungen im ausländischen Wettbewerb (Abs. 3) werden im Rahmen dieser Arbeit nicht weiter untersucht.

3.4.1 Relevanz von Bestechlichkeit und Bestechung in der Praxis

Es stellt sich nun die Frage, welche Relevanz der Tatbestand generell in der Praxis hat und was dies für die Anwendbarkeit auf Geschenke und Einladungen im Zusammenhang mit Fußballspielen bedeutet?

Laut BKA Bundeslagebild 2015 (Korruption) sind die am häufigsten registrierten Arten von Zuwendungen Bargeld, Sachzuwendungen und Bewirtung / Feiern. Hieraus kann man eine direkte Relevanz für Einladungen und Geschenke im Zusammenhang mit Fußballspielen erkennen, da diese Formen der Zuwendungen häufig getätigt werden.

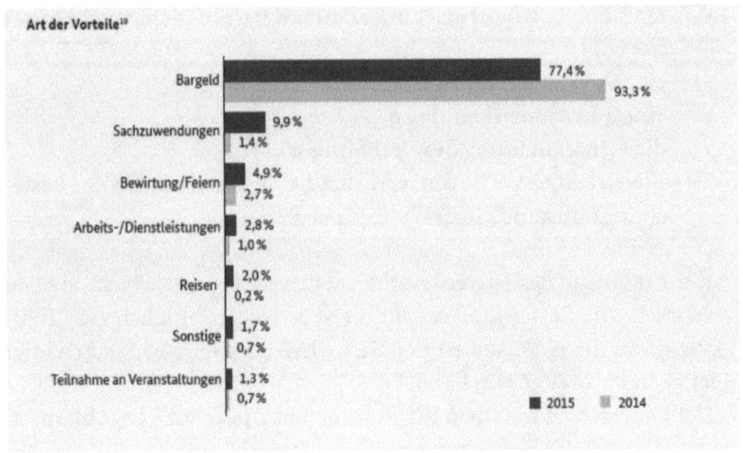

Quelle: „Art der Vorteile – BKA-Korruption Bundeslagebild 2015, S. 10[37]

Abbildung 2: Art der Vorteile

Was bedeutet das nun aber für die handelnden Personen von Fußballvereinen, Verbänden und Unternehmen?

Für all diese Personen und Gesellschafen gelten die strafrechtlichen Verbote der Bestechlichkeit und Bestechung im geschäftlichen Verkehr.

Die Tatbestände untersagen die Zuwendung solcher Vorteile, die mit einem Angestellten oder Beauftragten eines Unternehmens vereinbart werden, um einen unlauteren Vorteil für sich oder einen Dritten bei dem Bezug von Waren oder Dienstleistungen zu erhalten, zu gewähren oder zu versprechen. Das bedeutet für alle handelnden Personen und Gesellschaften, dass dadurch eine Vielzahl von Handlungen kritisch hinterfragt und auf ihre Vereinbarkeit mit dieser Strafvorschrift geprüft werden müssen.

37 „BKA – Bundeslagebilder Korruption – Bundeslagebild Korruption 2015“, 10.

3.4.2 Geschütztes Rechtsgut

Fraglich ist, welches Rechtsgut, bzw. welche Rechtsgüter genau im Rahmen des § 299 StGB geschützt werden und ob für Vereine und Verbände ggf. spezifische Merkmale zu beachten sind.

Im Unterschied zu den §§ 331 ff. StGB wird im Rahmen des § 299 StGB der freie und lautere Wettbewerb geschützt, ebenso wie die Chancengleichheit, das Vermögen[38] sowie die faire Preisbildung.[39] Ausdrücklich werden durch die Neufassung unter Einfügung der Ziffern 2 in den Abs. 1 und 2 nunmehr auch die (Vermögens)-Interessen des Dienstherrn geschützt.[40]

In Literatur und Rechtsprechung werden zwar über die Details und Abgrenzungen differenzierende Meinungen vertreten. Jedoch werden die oben genannten Rechtsgüter nach allgemeiner Ansicht vom Schutzzweck des § 299 StGB umfasst.[41]

Weiterhin ist über § 299 Abs. 3 StGB auch der ausländische Wettbewerb geschützt.

---

38 Fischer, *Strafgesetzbuch mit Nebengesetzen*, § 299 Rn 2; Tiedemann in Laufhütte, Rissing-van Saan, und Tiedemann, *LK*, 10 §§ 284-305 a;§ 299 Rn 6; Lackner und Kühl, *Strafgesetzbuch*, § 299 Rn 1.

39 Beckemper und Rotsch, *Criminal Compliance*, 381 m.w.N. Mölders, *Bestechung und Bestechlichkeit im internationalen geschäftlichen Verkehr*, 133; Fischer, *Strafgesetzbuch mit Nebengesetzen*, § 299 Rn 2.; Androulakis, *Die Globalisierung der Korruptionsbekämpfung*, 429; Vasilikou, *Zuwendungen im geschäftlichen Verkehr*, 63, 69; Tiedemann in Laufhütte, Rissing-van Saan, und Tiedemann, *LK*, 10 §§ 284-305 a;§ 299 Rn 5; Lackner und Kühl, *Strafgesetzbuch*, R 299 Rn 1.

40 BT-Drucks. 18/4350, 11 f., 20, 21.; Fischer, *Strafgesetzbuch mit Nebengesetzen*, § 299 Rn 2.; Vasilikou, *Zuwendungen im geschäftlichen Verkehr*, 53 f.

41 Mölders, *Bestechung und Bestechlichkeit im internationalen geschäftlichen Verkehr*, 161; Beckemper und Rotsch, *Criminal Compliance*, 381; Lackner und Kühl, *Strafgesetzbuch*, § 299 Rn 1; Fischer, *Strafgesetzbuch mit Nebengesetzen*, R 299 Rn 2.; Vasilikou, *Zuwendungen im geschäftlichen Verkehr*, 70 m.w.N.; Tiedemann in Laufhütte, Rissing-van Saan, und Tiedemann, *LK*, 10 §§ 284-305 a;§ 299 Rn 1, 5.; BGH Urt. v. 18.01.1983 – 1 StR 490/82 = BGHSt 31, 208, 210 ff.; BGH NJW 2006, S. 3290, 3298, Hiernach sei „Schutzgut die strafwürdige Störung des Wettbewerbs sowie die abstrakte Gefahr sachwidriger Entscheidungen".

Für Vereine und Verbände oder andere Personen, die Einladungen und Geschenke im Zusammenhang mit Fußballspielen vergeben oder erhalten, bedeutet dies, dass ihre Handlungen an den Maßstäben des § 299 StGB gemessen werden. Besondere Merkmale lediglich für den Fußball sind indes nicht ersichtlich.

3.4.3 Tauglicher Täterkreis

Fraglich ist, wer tauglicher Täter des § 299 StGB sein kann und wie sich dies für die Beteiligten von Geschenken und Einladungen im Zusammenhang mit Fußballspielen auswirkt.

Im Rahmen des § 299 StGB wird in Abs. 1 der besondere Täterkreis skizziert. Hiernach kann nur tauglicher Täter des § 299 StGB sein, wer „Angestellter oder Beauftragter eines Unternehmens" ist.

In Abs. 1 wird insoweit die passive und in Abs. 2 die aktive Bestechung beschreiben.[42] Fraglich ist, wie sich diese Unterscheidung auf den tauglichen Täterkreis auswirkt.

Passive Bestechung

Täter kann im Falle der passiven Bestechung gem. § 299 Abs. 1 StGB als echtes Sonderdelikt[43] tatsächlich nur ein Angestellter oder Beauftragter eines geschäftlichen Betriebes sein. Außenstehende können lediglich Teilnehmer des § 299 Abs. 1 StGB sein.

Zuwendungen an den Betriebsinhaber und sonstige Personen, die in eigenem Namen und für eigene Rechnungen handeln, können § 299 Abs. 1 StGB nicht unterfallen.

Aktive Bestechung

Die aktive Bestechung nach § 299 Abs. 2 StGB enthält keine Einschränkung hinsichtlich des Täterkreises und stellt somit kein Sonderdelikt dar. Grundsätzlich kann sie von jedermann verwirklicht werden.[44]

---

42 Beckemper und Rotsch, *Criminal Compliance*, 380.

43 Mölders, *Bestechung und Bestechlichkeit im internationalen geschäftlichen Verkehr*, 40; Lackner und Kühl, *Strafgesetzbuch*, § 299 Rn 2; Tiedemann in Laufhütte, Rissing-van Saan, und Tiedemann, *LK*, 10 §§ 284-305 a;§ 299 Rn 10.

44 Mölders, *Bestechung und Bestechlichkeit im internationalen geschäftlichen Verkehr*, 40; Vasilikou, *Zuwendungen im geschäftlichen Verkehr*, 105; Fischer, *Straf-*

Allerdings lässt sich folgern, dass sich der taugliche Personenkreis auf Mitbewerber oder für sie handelnde Personen beschränkt, da der Täter „zu Zwecken des Wettbewerbs" handeln muss.[45] Private Personen können den Tatbestand des § 299 Abs. 2 StGB, also die hier beschriebene aktive Bestechung, nicht verwirklichen.[46] Klarstellend muss hier allerdings darauf hingewiesen werden, dass der Ausschluss privater Personen nur für ausschließlich privates Handeln gilt. Handelt eine Person im Rahmen ihrer beruflichen Tätigkeit oder als beauftragte Person etc., kann der Tatbestand verwirklicht werden.

Angestellte Person

Fraglich ist nun, wer als Angestellte Person i. S. d. § 299 StGB gilt. Als Angestellter gilt, wer sich zumindest faktisch in einem Arbeits-, Dienst- oder Werksverhältnis zum Geschäftsherrn befindet, oder dessen Weisungen unterworfen ist.[47] Hierbei ist allerdings zu beachten, dass der Angestellte zumindest ein Minimum an Einfluss auf den Geschäftsbetrieb nehmen können muss. Bloße Hilfstätigkeiten des Angestellten reichen daher nicht aus.[48]

Beauftragte Personen

Als beauftragte Personen i. S. d. § 299 StGB gelten solche Personen, die kraft ihrer Stellung in der Lage sind, für den Geschäftsbetrieb zu handeln, betriebliche Entscheidungen zu treffen und zu beeinflussen. Diese

---

gesetzbuch mit Nebengesetzen, § 299 Rn 3; Tiedemann in Laufhütte, Rissing-van Saan, und Tiedemann, *LK*, 10 §§ 284-305 a;§ 299 Rn 20.

45 Vasilikou, *Zuwendungen im geschäftlichen Verkehr*, 105; Fischer, *Strafgesetzbuch mit Nebengesetzen*, § 299 Rn 15 f.

46 Mölders, *Bestechung und Bestechlichkeit im internationalen geschäftlichen Verkehr*, 40; Rudolphi in Wolter, *SK-StGB*, § 299 Rn 2. der davon ausgeht, dass § 299 Abs. 2 StGB tatsächlich von jedermann verwirklicht werden kann. Tiedemann in Laufhütte, Rissing-van Saan, und Tiedemann, *LK*, 10 §§ 284-305 a;§ 299 Rn 20.

47 Fischer, *Strafgesetzbuch mit Nebengesetzen*, § 299 Rn 14.; Beckemper und Rotsch, *Criminal Compliance*, 382 Rn 41.

48 Fischer, *Strafgesetzbuch mit Nebengesetzen*, § 299 Rn 14; Vasilikou, *Zuwendungen im geschäftlichen Verkehr*, 105, 106; Tiedemann in Laufhütte, Rissing-van Saan, und Tiedemann, *LK*, 10 §§ 284-305 a;§ 299 Rn 16.

Personen sind zwar gerade nicht in der Position des Geschäftsleiters oder eines Angestellten, können aber z. B. Handelsvertreter oder auch Steuerberater oder Rechtsanwälte sein.[49]

Dem Begriff wird eine Art Auffangfunktion zugeschrieben, und er soll anhand der tatsächlichen Verhältnisse und nicht anhand bürgerlich-rechtlicher Kriterien bestimmt werden.

Unternehmen im geschäftlichen Verkehr

Fraglich ist nun, welche Arten von Unternehmen im geschäftlichen Verkehr überhaupt umfasst sein sollen.

Ein Unternehmen (früher „geschäftlicher Betrieb") ist eine außerhalb des rein privaten Bereichs auf gewisse Dauer angelegte Tätigkeit, die eine Teilnahme am Wirtschaftsleben, geprägt durch einen Leistungsaustausch, darstellt.[50] Eine Beschränkung des gewerblichen Betriebs i. S. d. § 299 StGB auf den Handels- und Gewerbebetrieb i. S. d. HGB soll laut BGH gerade nicht erfolgen.[51] Auch Freiberufler, gemeinnützige und soziale Einrichtungen sind davon erfasst, sofern sie regelmäßig am Wirtschaftsleben teilnehmen.

Bei der Beurteilung der Regelmäßigkeit der Teilnahme kann es im Einzelfall zu Beurteilungsschwierigkeiten kommen, gerade wenn es sich um gemeinnützige Einrichtungen handelt, die ggf. selten bzw. fast gar nicht am normalen Wirtschaftsleben teilnehmen und dadurch über einen lediglich unzureichenden wirtschaftlichen Erfahrungsschatz verfügen. Diese Fälle müssen sodann in einer Einzelbetrachtung bewertet werden. Eine Gewinnerzielungsabsicht ist indes nicht erforderlich.[52]

---

49 BGH, Urt. v. 27.03.1968 – I ZR 163/ 65 = NJW 1968, 1572, 1573.; Beckemper und Rotsch, *Criminal Compliance*, 382 Rn 42; Mölders, *Bestechung und Bestechlichkeit im internationalen geschäftlichen Verkehr*, 45; Fischer, *Strafgesetzbuch mit Nebengesetzen*, § 299 Rn 15; Vasilikou, *Zuwendungen im geschäftlichen Verkehr*, 103 f.; Tiedemann in Laufhütte, Rissing-van Saan, und Tiedemann, *LK*, 10 §§ 284-305 a;§ 299 Rn 18.

50 BGH, Urt. v. 9.10.1990 – 1 StR 538/89 = NJW 1991, 367, 370.; Fischer, *Strafgesetzbuch mit Nebengesetzen*, § 299 Rn 4; Tiedemann in Laufhütte, Rissing-van Saan, und Tiedemann, *LK*, 10 §§ 284-305 a;§ 299 Rn 19.

51 BGHSt 2, 369, 401.

52 Beckemper und Rotsch, *Criminal Compliance*, 382; Mölders, *Bestechung und Bestechlichkeit im internationalen geschäftlichen Verkehr*, 46 m. w. N. zur Gewinn-

Zwischenfazit für Fußballvereine, Verbände und betroffene Personenkreise

Fußballvereine und Verbänden können als Unternehmen im geschäftlichen Verkehr taugliche Täter des § 299 StGB sein, selbst wenn sie als gemeinnützige Sportvereine tätig sind. Ihre Angestellten oder beauftragten Personen unterfallen daher ebenfalls der Begutachtung des § 299 StGB und können taugliche Täter der aktiven und passiven Bestechung sein.

3.5 Steuerliche Probleme

Fraglich ist, ob steuerliche Probleme bei der Übergabe von Geschenken und Einladungen im Zusammenhang mit Fußballspielen entstehen können.

Diese Frage lässt sich mit „ja" beantworten. Für Fußballvereine, Verbände, Unternehmen und ihre jeweiligen Mitarbeiter stellt sich die Frage welche Versteuerungen vorzunehmen sind. Bei fehlerhafter oder unterlassener Erklärung von angefallenen Steuern droht nämlich der Tatbestand der Steuerhinterziehung.

Beim Verschweigen von erhaltenen Bestechungsgeldern kommt es darauf an, dass ein Geldzufluss stattgefunden hat, der versteuert hätte werden müssen. Eine Strafbarkeit wegen Steuerhinterziehung kommt beim Empfang von Bestechungsgeldern somit immer in Betracht.[53]

Aber auch derjenige, der Bestechungsgelder zahlt kann sich nicht nur unter strafrechtlichen, sondern auch steuerrechtlichen Gesichtspunkten strafbar machen. Denn grundsätzlich gilt, dass Bestechungsgelder den Gewinn eines Unternehmens nicht gem. § 4 Abs. 5 Nr. 10 S. 1 EStG mindern dürfen.[54] Würde dies in der Bilanz dennoch gewinnmindernd angesetzt, droht ebenfalls eine Strafe wegen Steuerhinterziehung.

---

erzielungsabsicht. In der Rechtsprechung und Literatur ist streitig, ob bezüglich des Gewerbebegriffs i. S. d. HGB eine Gewinnerzielungsabsicht erforderlich ist. Hellmann und Beckemper, Wirtschaftsstrafrecht, 762; Tiedemann in Laufhütte, Rissing-van Saan, und Tiedemann, *LK*, 10 §§ 284-305 a;§ 299 Rn 19.

53 Beckemper in Beckemper und Rotsch, *Criminal Compliance*, 398 Rn 77.

54 Beckemper in ebd., 398 Rn 80.

Bewegt man sich aber im gesetzlich erlaubten Rahmen und vergibt Einladungen und Geschenke mit rechtlich unbedenklichem Hintergrund und zu legalen Zwecken stellt sich dennoch die Frage, ob nicht steuerliche Punkte beachtet werden müssen.

Ausweislich der gesetzlichen Regelungen und der Bestätigungen des BFH sind *Geschenke* an Dritte, die im Steuerrecht als Sachzuwendungen bezeichnet werden, gem. § 37 b EStG zu versteuern. Kleinere Geschenke sollten die jährliche steuerliche Freigrenze von EUR 35,00 nicht übersteigen, da Geschenke bis zu dieser Höhe als Betriebsausgabe voll abzugsfähig sind. Der Beschenkte muss insoweit auch keine eigene Versteuerung vornehmen.

Weiterhin zählen zu Sachzuwendungen insbesondere Einladungen zu Veranstaltungen, die in keinem inhaltlichen Zusammenhang zum Geschäft des Zuwendenden stehen, wie z. B. Konzerte, Sportveranstaltungen oder Incentive-Reisen.

Ausgenommen hiervon sind Kundenbewirtungen, bei denen man von einer „geschäftlichen Veranlassung" ausgeht und entsprechende Angaben (Name des Kunden, Grund der Einladung) auf dem „Bewirtungsbeleg" dokumentiert werden. Soweit für Sachzuwendungen sog. „Paketpreise" – z. B. für VIP-Logen – abgerechnet wurden, kann der „Geschenkanteil" nach bestehenden Vereinfachungsregeln (BMF-Schreiben 2005/2006) ermittelt werden.

Sachzuwendungen (also Geschenke und Einladungen) an Dritte sollten daher von den Gesellschaften nach § 37b EStG pauschal versteuert werden. Gem. § 37b EStG ist der Empfänger der Sachzuwendung hierüber zu informieren.

Sollten Geschenke und Einladungen an Mitarbeiter den jeweils maßgeblichen Wert überschreiten, sind sie durch den Mitarbeiter individuell selbst zu versteuern, sofern der Einladende nicht bestätigt hat, dass er die Versteuerung übernimmt. Die anfallende Lohnsteuer ist dann vom Mitarbeiter zu tragen.

Dies ist für die Fußballeinladungen interessant, denn die Regelungen finden entsprechende Anwendung. Konkret bedeutet dies für Einladungen und Geschenke im Zusammenhang mit Fußballspielen aus steuerlicher Sicht, dass Einladungen und Geschenke ausgesprochen werden dürfen, wenn sie korrekt versteuert werden.

Will man es als Einladender der eingeladenen Person vereinfachen, so kann die pauschale Versteuerung vorgenommen und dies gegenüber dem Eingeladenen erklärt werden. So kommt keine Partei in die Verlegenheit, steuerlich in Probleme zu geraten. Andernfalls muss vom Eingeladenen geprüft werden, ob eine eigene Versteuerung notwendig ist.

3.6 Regulatorische Probleme

Fraglich ist, ob für Vereine, Verbände und Unternehmen regulatorische Probleme bei der Übergabe von Geschenken und Einladungen im Zusammenhang mit Fußballspielen entstehen können.

Regulatorische Vorgaben gelten prinzipiell für europäische Wertpapierdienstleistungsunternehmen. Europäische Vorgaben wurden bereits 1994 in das Wertpapierhandelsgesetz (WpHG) umgesetzt und später überarbeitet in die Richtlinie über Märkte für Finanzinstrumente (Markets in Financial Instruments Directive – MIFID), deren Nachfolgerin, die MIFID II gerade umgesetzt wird.

Da es sich bei den Beteiligten Vereinen und Verbänden unstreitig nicht um Finanzdienstleistungsunternehmen handelt, können lediglich die weiteren Beteiligten, nämlich die Unternehmen, betroffen sein. Solche Unternehmen aus der Finanzdienstleisterbranche treffen spezielle Regelungen, die unter Umständen auch Auswirkungen auf die anderen Beteiligten haben können.

Finanzdienstleistungsunternehmen haben sich u.a. an die Vorschriften des WpHG, des KWG, der MIFID II, der WpDVerOV (Wertpapierdienstleistungs- Verhaltens- und Organisationsverordnung) sowie der MaComp (Mindestanforderungen an die Compliance-Funktion und die weiteren Verhaltens-, Organisations- und Transparenzpflichten nach §§ 31 ff. WpHG für Wertpapierdienstleistungsunternehmen) zu halten.

Sie müssen dafür Sorge tragen, eine ordnungsgemäße Durchführung der Wertpapierdienstleistungen zu gewährleisten, Kontrollverfahren zu etablieren, die Verstößen gegen das Gesetz entgegen wirken sollen, und die Vermeidung von Interessenkonflikten sicherzustellen.[55]

---

55 Salomon in: Renz und Hense, *Organisation der Wertpapier-Compliance-Funktion*, 27.

Gerade in diesem Zusammenhang kann ein Nexus zu anderen Unternehmen, Vereinen oder Verbänden entstehen, wenn im Rahmen einer Geschäftsbeziehung z. B. eine Einladung zu einem Fußballspiel erfolgt.

Die meisten Pflichten treffen hierbei zwar die Finanzdienstleistungsunternehmen. Dennoch können bei einzelnen Konstellationen auch nicht regulierte Unternehmen und Beteiligte von den Regelungen zur Vermeidung von Interessenkonflikten betroffen sein. Der Maßstab zur Vermeidung von Interessenkonflikten ist, ob Wertpapierdienstleistungsunternehmen und ihre Mitarbeiter in einen Interessenkonflikt geraten könnten oder Zugang zu compliance-relevanten, also Insiderinformationen oder vertraulichen Informationen, haben. Dies kann z. B. die Kenntnis von Kundenaufträgen oder einer bestimmten Darlehensvergabe für ein Unternehmen sein, wenn diese Information dann zum Nachteil für diesen oder einen anderen Kunden verwendet werden kann.[56]

Eine Beeinträchtigung von Kundeninteressen ist gem. AT 6.2 MaComp in jedem Fall zu vermeiden. Hierauf ist bei einer Einladung zu einem Fußballspiel zu achten, denn gerade bei solchen Anlässen könnten relevante Informationen ausgetauscht werden. Auch darf nicht der Anschein entstehen, dass die Einladung nur auf Basis solcher Informationen erfolgt ist. Sollte ein solcher Verdacht bestehen, sollte die Einladung nicht ausgesprochen bzw. nicht angenommen werden.

Ein weiterer wichtiger Punkt, der grundsätzlich von jedermann beachtet werden muss, ist das Insiderrecht. Früher in den §§ 13 und 14 WpHG verortet, sind diese nun in den Artikeln 7 und 8 der Verordnung (EU) Nr. 596/2014 des Europäischen Parlaments und des Rates vom 16. April 2014 über Marktmissbrauch (Marktmissbrauchsverordnung, kurz: MAR) zu finden. Der Aussagegehalt hat sich indes nicht verändert.

Soweit eine Insiderinformation gem. Art. 7 MAR vorliegt, gelten die Insiderverbote des Art. 8 MAR:

- Erwerbs- und Veräußerungsverbot
- Weitergabeverbot
- Empfehlungs- und Verleitungsverbot.

56 Salomon in: Ebd., 36 f.

Verstöße gegen diese Verbote können unter bestimmten Voraussetzungen gemäß §§ 38, 39 WpHG als Straftaten oder Ordnungswidrigkeiten geahndet werden.

Da diese Verbote prinzipiell auch Personen treffen können, die nicht in einem Finanzdienstleistungsunternehmen arbeiten, könnten auch die vorgenannten regulatorischen Vorgaben im Zusammenhang mit Geschenken und Einladungen zu Fußballspielen relevant sein.

4 Einladungen und Geschenke unter korruptiven Geschichtspunkten

Einladungen und Geschenke im Zusammenhang mit Fußballspielen können als problematisch angesehen werden, wenn einzelne Handlungen der Beteiligten die Grenzen des Erlaubten überschreiten. Diese Grenzen können allerdings fließend sein, und nicht immer ist den Beteiligten klar, wo diese Grenzen liegen.

Sie sollen deshalb anhand eines praktischen Falls näher erläutert werden: Der Vereinsvorsitzende eines Bundesligavereins übergibt eine schwer zu erwerbende Eintrittskarte für die Ehrentribüne für das DFB Pokalfinale in Berlin. Der Empfänger der Karte ist ein lokal tätiger Firmeninhaber, der bisweilen Catering-Aufträge für den Verein durchführt. Als Gegenleistung für die Übergabe der Karte zum Finale erwartet der Vereinsvorsitzende, dass der Firmeninhaber die Jugendabteilung unterstützt. Dies sagt er dem Firmeninhaber allerdings nicht ausdrücklich, erwähnt aber die Bedürfnisse der Jugendabteilung nach neuen Trikots. Er stellt dem Firmeninhaber überdies in Aussicht, künftig zu „Vorzugspreisen“ Bandenwerbung im Stadion machen zu dürfen.

Fraglich ist, ob diese Handlung strafbar ist.

4.1 Verwirklichung der Bestechung gem. § 299 StGB durch Einladungen und Geschenke

Es muss in diesem Zusammenhang gefragt werden, welche Handlungen genau vom § 299 StGB erfasst sind.

Aufgrund der spiegelbildlichen Ausgestaltung der beiden Absätze des § 299 StGB könnte man davon ausgehen, dass auch die Tathandlungen spiegelbildlich aufgebaut sind. Die Ausgestaltung der Absätze weist jedoch auf eine aktive und eine passive Bestechungsalternative hin, die unterschiedlich zu beurteilen und zu behandeln sind.

Die Tathandlung der aktiven Bestechung gem. § 299 Abs. 2 StGB ist das Anbieten, Versprechen oder Gewähren eines Vorteils.

Die Tathandlung der passiven Bestechung gem. § 299 Abs. 1 StGB ist spiegelbildlich das Fordern, Sich-versprechen-lassen oder Annehmen eines Vorteils.

Diese beschriebenen Tathandlungen müssten geeignet sein, das tatbestandliche, oben beschriebene geschützte Rechtsgut des freien Wettbewerbs etc. zu beeinträchtigen.

Die Handlung muss dabei im geschäftlichen Verkehr vorgenommen werden und einem wirtschaftlichen Zweck dienen.[57] Fraglich ist, wie der geschäftliche Verkehr in diesem Zusammenhang verstanden wird und ob eine Anwendbarkeit im Bereich des Fußballs vorliegen kann.

Als geschäftlicher Verkehr gelten dabei alle Kontakte, die sich auf das Unternehmen im geschäftlichen Verkehr beziehen, wobei ein Zusammenhang mit dem Unternehmen genügt.[58] Privates Handeln oder hoheitliche Tätigkeiten erfüllen den Tatbestand daher nicht.[59] Da wie oben beschreiben auch gemeinnützige und soziale Einrichtungen erfasst sind, sofern sie regelmäßig am Wirtschaftsleben teilnehmen, kann davon ausgegangen werden, dass Verbände und Vereine selbst wenn es sich nicht um Profivereine handelt, am Wirtschaftsleben teilnehmen.

Die Handlung des Vereinsvorsitzenden wird daher davon umfasst.

Es muss weiterhin erkennbar sein, dass der Vorteil für eine Gegenleistung gedacht ist, d. h., es muss eine Unrechtsvereinbarung gegeben sein. Diese Vereinbarung kann auch konkludent erfolgen.[60]

57 Hellmann und Beckemper, *Wirtschaftsstrafrecht*, Rn 765.

58 Fischer, *Strafgesetzbuch mit Nebengesetzen*, § 299 Rn 20.

59 Ebd.; Hellmann und Beckemper, *Wirtschaftsstrafrecht*, Rn 765.

60 Mölders, *Bestechung und Bestechlichkeit im internationalen geschäftlichen Verkehr*, 47; Hellmann und Beckemper, *Wirtschaftsstrafrecht*, Rn 766.

4.1.1 Fordern, Sich versprechen lassen, Annehmen

Es stellt sich die Frage was genau unter diesen Tathandlungen im Rahmen des § 299 StGB zu verstehen ist.

Fordern bedeutet in diesem Zusammenhang die Erklärung, dass der Täter einen Vorteil als Gegenleistung für eine unlautere Bevorzugung eines anderen für sich oder einen sonstigen Dritten verlangt.[61]

Sich-versprechen-lassen ist die Annahme eines Angebots, das sich auf einen zukünftigen Vorteil bezieht.[62]

Die Annahme bedeutet die tatsächliche Entgegennahme des Vorteils. Hierbei wird der Wille bekundet, den Vorteil zu eigenen Zwecken zu verwenden oder ihn an den Dritten, für den er bestimmt ist, weiterzugeben.[63]

4.1.2 Anbieten, Versprechen, Gewähren

Anbieten ist in diesem Zusammenhang das In-Aussicht-stellen eines künftigen Vorteils, und Versprechen ist die konkrete Zusage eines künftigen Vorteils.[64]

Unter dem Begriff des Gewährens versteht man die tatsächliche Übergabe des Vorteils an den Empfänger, so dass dieser die alleinige Verfügungsgewalt erhalten soll.[65]

Bei dem Anbieten und Versprechen ist zu beachten, dass diese Erklärungen als einseitige Willenserklärungen ausgestaltet sind. Hier bedarf es keiner weiteren Handlung durch den potentiellen Empfänger der Leistung. Die Erklärung muss dem Empfänger lediglich entweder ausdrücklich oder konkludent zugehen.[66]

Anders ist dies beim Gewähren eines Vorteils. Hier reicht eine einseitige Willenserklärung nicht aus. Der Empfänger des Vorteils muss

61 Vasilikou, *Zuwendungen im geschäftlichen Verkehr*, 111.

62 Dannecker in Kindhäuser, Neumann, und Paeffgen, *NK*, § 299 Rn 32.

63 Dannecker in ebd., § 299 Rn 34; Vasilikou, *Zuwendungen im geschäftlichen Verkehr*, 112.

64 Vasilikou, *Zuwendungen im geschäftlichen Verkehr*, 112.

65 Fischer, *Strafgesetzbuch mit Nebengesetzen*, § 299 Rn 32; Vasilikou, *Zuwendungen im geschäftlichen Verkehr*, 112.

66 Fischer, *Strafgesetzbuch mit Nebengesetzen*, § 299 Rn 32; Vasilikou, *Zuwendungen im geschäftlichen Verkehr*, 112.

ausdrücklich oder konkludent die Annahme des Vorteils erklären bzw. ausdrücken.[67]

In diesem Zusammenhang kann dem Gewähren des Vorteils auch ein entsprechendes Verlangen des Empfängers des Vorteils vorausgegangen sein, welches nun lediglich durch das Gewähren des Vorteils erfüllt wird. Die Tathandlung des § 299 StGB kann also durch vielfältige Tathandlungen verwirklicht werden.[68]

In unserem Beispielsfall wurde ein aktives Angebot eines künftigen Vorteils, nämlich die vergünstigte Werbung im Stadion unterbreitet. Eine Tathandlung könnte somit vorliegen.

4.1.3 Der Vorteil

Im Rahmen der Beschreibung der Tathandlung des § 299 StGB wird immer auch ein „Vorteil" erwähnt. Fraglich ist, was dieser Vorteil im Rahmen der Tathandlungen des § 299 StGB für eine Bedeutung einnimmt und wie er genau zu verstehen ist.

Ein Vorteil ist nach h.M. der Literatur und Rechtsprechung jede Zuwendung, die den Täter materiell oder auch immateriell in entweder wirtschaftlicher, rechtlicher oder auch persönlicher Hinsicht objektiv besser stellt. Wichtig ist hierbei, dass der Empfänger des Vorteils hierauf keinen rechtlichen Anspruch haben darf.[69]

Auf die Höhe des Vorteils kommt es in diesem Zusammenhang nicht an genauso wenig wie auf die Tatsache, ob die Zuwendung aus dem Vermögen des Vorteilsgebers selbst stammt oder durch einen Dritten zur

67 Kindhäuser, Neumann, und Paeffgen, *NK*, § 299 Rn 65; Fischer, *Strafgesetzbuch mit Nebengesetzen*, § 299 Rn 32; Vasilikou, *Zuwendungen im geschäftlichen Verkehr*, 112.

68 Nicht erwähnt wurden hier die ebenfalls vielfältigen Möglichkeiten der Anstiftung und Teilnahme. Dies kann aus Platzgründen leider nicht weiter ausgeführt werden. Diese Möglichkeiten sind in der Praxis ebenfalls weit verbreitet.

69 Vasilikou, *Zuwendungen im geschäftlichen Verkehr*, 110; Mölders, *Bestechung und Bestechlichkeit im internationalen geschäftlichen Verkehr*, 48; Krick in Hefendehl u. a., *MüKo zum StGB*, § 299 Rn 19; Beckemper in Beckemper und Rotsch, *Criminal Compliance*, 383 Rn 45.

Verfügung gestellt wurde oder ob sich das Vermögen des Vorteilsgebers durch die Leistung in irgendeiner Weise verringert hat.[70]

Bezüglich der Höhe des Vorteils besteht wohl Einigkeit darüber, dass Bagatellzuwendungen nicht geeignet sind, sachgerechte Marktentscheidungen zu beeinflussen.[71]

Bei solchen geringwertigen Zuwendungen stellt sich sodann die Frage der Abgrenzung zu denjenigen Aufmerksamkeiten und Geschenken, die im Rahmen der Sozialadäquanz gerechtfertigt erscheinen. Der geringe Wert der Zuwendung kann dann ein Indiz dafür sein, dass es sich gerade nicht um eine Leistung für einen unlauteren Vorteil handelt.[72]

In dem Beispielsfall hat der Unternehmer gleich zwei Vorteile erhalten, nämlich zum einen die Eintrittskarte und zum anderen die Aussicht, zu vergünstigen Preisen Werbung machen zu können. Auf beide Vorteile hat er keinen Anspruch. Es handelt sich daher in beiden Fällen um Vorteile im Sinne des Tatbestandes.

4.1.4 Weitere Vorteilsarten

Um einen detaillierten Überblick zu erhalten, welche Handlungen ggf. ebenfalls strafrechtlich relevant sein können, müssen auch die anderen Vorteilsarten erläutert werden.

Es wird in Schrifttum und Rechtsprechung meist zwischen materiellen und immateriellen Vorteilen untergliedert sowie zwischen unmittelbaren und mittelbaren Vorteilen. Weiterhin werden Drittvorteile und sozialadäquate Vorteile angesprochen.

---

70 Krick in Hefendehl u. a., *MüKo zum StGB*, § 299 Rn 18; Vasilikou, *Zuwendungen im geschäftlichen Verkehr*, 111; Mölders, *Bestechung und Bestechlichkeit im internationalen geschäftlichen Verkehr*, 48 f.

71 BGH wistra 2005, 226, 227.; Mölders, *Bestechung und Bestechlichkeit im internationalen geschäftlichen Verkehr*, 48 f; Krick in Hefendehl u. a., *MüKo zum StGB*, § 299 Rn 20 f.; Fischer, *Strafgesetzbuch mit Nebengesetzen*, § 299 Rn 27 ff.

72 Mölders, *Bestechung und Bestechlichkeit im internationalen geschäftlichen Verkehr*, 49; Beckemper in Beckemper und Rotsch, *Criminal Compliance*, 382 Rn 45 ff.; zur Frage der Sozialadäquanz wird die Arbeit später noch genauere Ausführungen machen. Daher bleibt es an dieser Stelle bei dem Hinweis auf die (notwendige) Abwägung.

Fraglich ist nun, ob dies für die Anwendbarkeit auf Einladungen und Geschenke im Zusammenhang mit Fußballspielen eine relevante Rolle spielt.

Diese Frage ist eindeutig mit „ja" zu beantworten, da nicht immer ein physisches Geschenk wie z. B. ein Schal oder Trikot übergeben wird. Oft sind Geschenke auch immateriell oder lediglich mittelbar, da sie an Dritte weitergegeben werden.

Daher erfolgt hier eine kurze Darstellung, was unter den diversen Vorteilen zu verstehen ist und in welcher Form sie im Zusammenhang mit Fußballspielen auftreten können.

4.1.4.1 Materielle und immaterielle Vorteile

Materielle Vorteile im Rahmen des § 299 StGB und ähnlich anwendbar auch im Rahmen der §§ 331 ff. StGB können insbesondere Geld und Sachleistungen jeglicher Art sein, also Zuwendungen, denen ein Vermögenswert zuzuschreiben ist. Es können daher z. B. entgeltliche Verträge, Rabatte, die Übernahme von Reisekosten, die Einladung anlässlich eines Besuchs eines Gourmet-Restaurants oder die Zahlung einer Provision darunter fallen.[73]

Der gewichtigste Unterschied zu den immateriellen Vorteilen liegt in dem wirtschaftlichen Aspekt, also dem Vermögenswert des Vorteils. Auf die Höhe des materiellen Vorteils kommt es dabei nicht an, da der tatsächliche Wert eines Vorteils nicht für alle Personen gleich ist. Daher fallen zunächst auch geringwertige Vorteile unter den Tatbestand, werden später aber ggf. unter dem Gesichtspunkt der Sozialadäquanz herausgefiltert.

Auch immaterielle Vorteile werden von den Bestechungstatbeständen erfasst. Dies wird nicht nur in Deutschland, sondern auch im internationalen Umfeld so gesehen.[74]

---

73 BGH wistra 2005, 226 – zur Gewährung eines zinslosen Darlehens zu § 332 Abs. 1 StGB; Vasilikou, *Zuwendungen im geschäftlichen Verkehr*, 129 m. w. N.; Krick in Hefendehl u. a., *MüKo zum StGB*, § 299 Rn 18; Tiedemann in Laufhütte, Rissing-van Saan, und Tiedemann, *LK*, 10 §§ 284-305 a;§ 299 Rn 55 ff.

74 BT-Drucks. 7/550, S. 271 ff. (zu § 331 StGB); Rahmenbeschluss des Rates der Europäischen Union vom 22.07.2003 (2003/568/JI) zur Bekämpfung der Bestechung im privaten Sektor; Strafrechtsübereinkommen über Korruption des

Unter immateriellen Vorteilen versteht man Vorteile, die sich durch das Fehlen eines Vermögenswertes von den materiellen Vorteilen unterscheiden und die den Vorteilsempfänger in irgendeiner Weise objektiv besser stellen.

Dies können das Ansehen des Vorteilsnehmers, die Befriedigung der Eitelkeit, eine Beförderung oder sonstige Besserstellung innerhalb des Unternehmens und auch sexuelle Zuwendungen sein.[75] Wichtig ist allerdings, dass immaterielle Vorteile wegen des Bestimmtheitsgrundsatzes einen objektiv messbaren Inhalt, also einen geldwerten messbaren Vorteil aufweisen müssen.[76]

Hieraus könnte man den Schluss ziehen, dass lediglich vergleichbar in Geld aufzuwiegende Vorteile herangezogen werden sollen.[77] Eine solche Beschränkung liefe aber dem Wortsinn des Gesetzes zuwider.[78] Dort findet sich keine Beschränkung auf in Geld messbare Vorteile, sodass auch immaterielle Vorteile wie z. B. der Erhalt von Karrierechancen vom Tatbestand erfasst sind.[79]

Europarates vom 27.01.1999 (Criminal Law Convention on Corruption); Fischer, *Strafgesetzbuch mit Nebengesetzen*, § 299 Rn 7; Tiedemann in Laufhütte, Rissing-van Saan, und Tiedemann, LK, 10 §§ 284-305 a; Rn 299 Rn 27; Krick in Hefendehl u. a., *MüKo zum StGB*, § 299 Rn 18; zur selben Thematik in § 331: Fischer, *Strafgesetzbuch mit Nebengesetzen*, § 331 Rn 11 e; Heger in Lackner und Kühl, *Strafgesetzbuch*, § 331 Rn 5; Sowada in Laufhütte, Rissing-van Saan, und Tiedemann, *LK*, 10 §§ 284-305 a;§ 331 Rn 36; Korte in Hefendehl u. a., *MüKo zum StGB*, § 331 Rn 65.

75 BGH wistra 2003, 59, 62; BGHSt 14, 123: BayObLG wistra 1991, 318; Krick in Hefendehl u. a., *MüKo zum StGB*, § 299 Rn 18; Dannecker in Kindhäuser, Neumann, und Paeffgen, *NK*, § 299 Rn 38; Tiedemann in Laufhütte, Rissing-van Saan, und Tiedemann, *LK*, 10 §§ 284-305 a;§ 299 Rn 27; Vasilikou, *Zuwendungen im geschäftlichen Verkehr*, 130.

76 BT-Drucks. 7/750 S. 271; BGHSt 31, 279; Kuhlen in Kindhäuser, Neumann, und Paeffgen, *NK*, § 331 Rn 45; Fischer, *Strafgesetzbuch mit Nebengesetzen*, § 331 Rn 11 e; Vasilikou, *Zuwendungen im geschäftlichen Verkehr*, 131.

77 BGHSt 47, 304; Vasilikou, *Zuwendungen im geschäftlichen Verkehr*, 132.

78 Ebd.; Kuhlen in Kindhäuser, Neumann, und Paeffgen, *NK*, § 331 Rn 45.

79 BGH NJW 1985, 2654, 2656. Vasilikou, *Zuwendungen im geschäftlichen Verkehr*, 132.

Für die Anwendbarkeit im Zusammenhang mit Geschenken und Einladungen bedeutet dies, dass z. B. auch die Möglichkeit, einen Spieler eines Fußballvereins zu treffen, als immaterieller Vorteil gelten kann.

4.1.4.2 Unmittelbare und mittelbare Vorteile

Weiterhin können unmittelbare Vorteile gewährt werden, die eine Besserstellung genau dieser Person bewirken. Eine Weitergabe an Dritte, z. B. Familienangehörige, kann zwar durchaus erfolgen. Jedoch darf dies nicht von vornherein geplant gewesen sein, da es sich dann um einen lediglich mittelbaren Vorteil für den Vorteilsempfänger handelt.

Genau hierin liegt auch der Unterschied zwischen unmittelbaren und mittelbaren Vorteilen oder Drittvorteilen. Dies ist insbesondere für Vereine und ihre Interessenvertreter von Relevanz, da gerne Vorteile für den Verein (Dritter) vereinbart werden und gar nicht daran gedacht wird, dass dies strafrechtlich relevant sein könnte.

Nach dem KorrBekG vom 13.08.1997 werden nämlich Drittvorteile nun auch explizit vom § 299 StGB erfasst.[80] Nach dem Willen des Gesetzgebers wird aufgenommen,

> „dass es auch bei der passiven und aktiven Bestechung im geschäftlichen Verkehr nicht darauf ankommt, ob der jeweilige Vorteil dem Angestellten oder Beauftragten selbst oder einer anderen Person zugutekommen soll. Mit dieser Änderung wird für die passive und aktive Bestechung im geschäftlichen Verkehr eine Klarstellung nachvollzogen die insbesondere für die passive und aktive Bestechung von Amtsträgern erforderlich ist."[81]

Danach können Drittvorteile an Familie, Freunde, Vereine, Parteien oder sonstige jur. Personen oder Gesellschaften gewährt werden.[82] Es

80 Tiedemann in Laufhütte, Rissing-van Saan, und Tiedemann, *LK*, 10 §§ 284-305 a;§ 299 Rn 26, 29; Krick in Hefendehl u. a., *MüKo zum StGB*, § 299 Rn 19; Vasilikou, *Zuwendungen im geschäftlichen Verkehr*, 133.

81 BT-Drucks. 13/5584, S. 14; damit sollte der § 299 StGB an den §§ 331 ff. StGB angepasst werden; Vasilikou, *Zuwendungen im geschäftlichen Verkehr*, 133.

82 Tiedemann in Laufhütte, Rissing-van Saan, und Tiedemann, *LK*, 10 §§ 284-305 a;§ 299 Rn 26; Krick in Hefendehl u. a., *MüKo zum StGB*, § 299 Rn 19; Vasilikou, *Zuwendungen im geschäftlichen Verkehr*, 133.

kann also tauglicher Dritter jeder sein, der nicht an der Unrechtsvereinbarung mitgewirkt hat. Dies gilt spiegelbildlich für die §§ 331 ff. StGB und für § 299 StGB.

Das Unrecht der Bestechungstatbestände besteht somit in der unzulässigen Verknüpfung der Dienstausübung bzw. der Bevorzugung mit einer Gegenleistung der anderen Seite.[83] Die Drittvorteile können also für Vereine durchaus strafrechtlich relevant sein, wenn eine entsprechende Bevorzugung ohne Rechtsanspruch vereinbart wird.

4.1.5 Die Unrechtsvereinbarung

Fraglich ist, was die Unrechtsvereinbarung des § 299 StGB ist und welche Bedeutung sie für Einladungen und Geschenke im Zusammenhang mit Fußballspielen hat.

Bei der obigen Darstellung der Tathandlung wurde der „Vorteil" erwähnt, der im Rahmen des § 299 StGB als Gegenleistung für eine zukünftige unlautere Bevorzugung im Wettbewerb bei dem Bezug von Waren oder Dienstleistungen gewährt worden sein muss.[84] Erforderlich ist daher der auf eine Unrechtsvereinbarung gerichtete Wille des Täters.[85]

Der Zusammenhang, welcher zwischen dem genannten Vorteil und der unlauteren zukünftigen Bevorzugung entsteht, weist darauf hin, dass der Vorteil als Gegenleistung für die Bevorzugung geleistet wird. Nach der Vorstellung des Täters besteht also ein unmittelbarer Zusammenhang zwischen dem Vorteil und der von ihm zu leistenden Vorteilsgewährung.[86] Dies ist die Unrechtsvereinbarung.

---

83 Ulbricht, *Bestechung und Bestechlichkeit im geschäftlichen Verkehr*, 74; Vasilikou, *Zuwendungen im geschäftlichen Verkehr*, 136.

84 Beckemper in Beckemper und Rotsch, *Criminal Compliance*, 383 Rn 45 ff.; Vasilikou, *Zuwendungen im geschäftlichen Verkehr*, 113; Hellmann und Beckemper, *Wirtschaftsstrafrecht*, Rn 766; Fischer, *Strafgesetzbuch mit Nebengesetzen*, § 299 Rn 22; Tiedemann in Laufhütte, Rissing-van Saan, und Tiedemann, *LK*, 10 §§ 284-305 a;§ 299 Rn 29.

85 BGH 15, 249; Fischer, *Strafgesetzbuch mit Nebengesetzen*, § 299 Rn 22; Lackner und Kühl, *Strafgesetzbuch*, § 299 Rn 5.

86 Krick in Hefendehl u. a., *MüKo zum StGB*, § 299 Rn 35, 39; Vasilikou, *Zuwendungen im geschäftlichen Verkehr*, 113; Beckemper in Beckemper und Rotsch, *Criminal Compliance*, 384 Rn 48.

Die Bevorzugung stellt in diesem Zusammenhang jede Besserstellung des Täters oder eines begünstigten Dritten dar, auf die der Täter oder der Dritte im Zeitpunkt der Tathandlung keinen rechtlichen Anspruch hat.[87]

Für die Anwendbarkeit auf Geschenke und Einladungen im Zusammenhang mit Fußballspielen bedeutet dies, dass geprüft werden muss, ob 1) ein Vorteil / eine Bevorzugung vorliegt, 2) eine Gegenleistung hierfür vorliegt, 3) ein rechtlicher Anspruch auf den Vorteil vorliegt und 4) eine unlautere Komponente enthalten ist. Je nachdem wie die Antworten hierauf ausfallen, sollte von der Vergabe des Vorteils Abstand genommen werden.

In dem Beispielsfall hat der Unternehmer keinen Anspruch auf die genannten Vorteile. Die Endspielkarte erhält er nämlich lediglich mit dem Hinweis, dass der Verein wohl eine „Spende" für die Jugendabteilung erwartet. Eine Unrechtsvereinbarung kann hier wohl angenommen werden.

4.1.6 Unlautere Bevorzugung im Wettbewerb

Die unlautere Bevorzugung müsste ausweislich des gesetzlichen Wortlautes im Wettbewerb erfolgen. Fraglich ist, wann und in welcher Form dies der Fall ist.

Jedenfalls kann davon ausgegangen werden, dass eine Bevorzugung im Wettbewerb dann vorliegt, wenn ein anderer Wettbewerber das Nachsehen hat und seinerseits nicht zum Zuge kommt (z. B. bei einer Auftragsvergabe).

Nach dem UWG ist ein solcher Umstand gegeben wenn zumindest zwei Unternehmer auf demselben sachlichen und räumlichen Markt tätig sind.[88] Diese Definition ist weit zu verstehen, und nach h.M. in der Lite-

87 BGH GRUR 1958, 27; Fischer, *Strafgesetzbuch mit Nebengesetzen*, § 299 Rn 23; Vasilikou, *Zuwendungen im geschäftlichen Verkehr*, 113; Dannecker in Kindhäuser, Neumann, und Paeffgen, *NK*, § 299 Rn 43; Tiedemann in Laufhütte, Rissing-van Saan, und Tiedemann, *LK*, 10 §§ 284-305 a;§ 299 Rn 34; Lackner und Kühl, *Strafgesetzbuch*, § 299 Rn 5.

88 BGH NJW, 2003, 22996, 2997.; Dannecker in Kindhäuser, Neumann, und Paeffgen, *NK*, § 299 Rn 45 ff.; Vasilikou, *Zuwendungen im geschäftlichen Verkehr*, 114.

ratur[89] muss das Wettbewerbsverhältnis zum Zeitpunkt der Vereinbarung des Vorteils noch nicht einmal bestehen. Ausreichend ist ein bestehendes Wettbewerbsverhältnis zum Zeitpunkt der Bevorzugung selbst.

Allerdings kann die Bevorzugung auch erst nach der Vollendung der Tat selbst eintreten. Es wird daher angenommen, dass es ausreichend ist, wenn sich die Beteiligten vorstellen, dass eine Wettbewerbssituation eintreten wird. Es reicht damit die Möglichkeit des Wettbewerbs.[90]

Dies erscheint auch sinnvoll, da eine Bevorzugung gerade zu dem Zweck durchgeführt werden kann, um einen anderen potentiellen Wettbewerber vom Markt fern zu halten. Dieser Wettbewerber würde dann überhaupt nicht mehr auf dem räumlichen oder sachlichen Markt als Wettbewerber auftreten können.

Zuwendungen allerdings, die keine bestimmte Bevorzugung bewirken, sondern nur allgemeines Wohlwollen ausdrücken sollen, mithin also als reine „Dankeschön"-Zahlungen oder im Rahmen der „Klimapflege" erfolgen, sind im geschäftlichen Verkehr straflos.[91]

Für Einladungen und Geschenke im Zusammenhang mit Fußballspielen kann ein Nexus zu anderen Vereinen oder Unternehmen entstehen, die in der gleichen Branche tätig sind. Da die Definition von Wettbewerb so weit gefasst ist, sollte bei der Prüfung ebenfalls ein eher weites Verständnis von möglichen Wettbewerbern bestehen.

In dem Beispielsfall liegt wohl unstreitig eine unlautere Bevorzugung vor, denn alle anderen Wettbewerber müssen für die Eintrittskarte den regulären Preis zahlen.

---

89 Dannecker in Kindhäuser, Neumann, und Paeffgen, *NK*, § 299 Rn 48; Tiedemann in Laufhütte, Rissing-van Saan, und Tiedemann, *LK*, 10 §§ 284-305 a;§ 299 Rn 36; Hellmann und Beckemper, *Wirtschaftsstrafrecht*, Rn 767; Vasilikou, *Zuwendungen im geschäftlichen Verkehr*, 114.

90 Dannecker Kindhäuser, Neumann, und Paeffgen, *NK*, § 299 Rn 48; Krick in Hefendehl u. a., *MüKo zum StGB*, § 299 Rn 27; a. A. Fischer, *Strafgesetzbuch mit Nebengesetzen*, § 299 Rn 15.

91 Beckemper in Beckemper und Rotsch, *Criminal Compliance*, 383 Rn 45.

4.1.7 Bezug von Waren und Dienstleistungen

Die Bevorzugung müsste sich auf den Bezug von Waren und Dienstleistungen beziehen. Fraglich ist wie dies im Zusammenhang mit Geschenken und Einladungen bei Fußballspielen verstanden werden kann. Generell wird von der h. M. ein wettbewerbsrechtliches und kein handelsrechtliches Verständnis als Maßstab angelegt.[92] Danach sind Waren alle wirtschaftlichen Güter, die Gegenstand des Handels- und Geschäftsverkehrs sein können.

Unter Dienstleistungen (früher: „gewerbliche Leistungen") fallen alle unkörperlichen geldwerten Leistungen des geschäftlichen Verkehrs. Diese ebenfalls weite Begriffsdefinition umfasst somit auch die Leistungen der freien Berufe, die eigentlich nicht als gewerbliche Leistungen im eigentlichen Sinne gelten.[93]

Der Bezug der Dienstleistungen wird nach h. M. verstanden als alle wirtschaftlichen Vorgänge von der Bestellung über die Abwicklung einer Lieferung bis hin zur Bezahlung der Ware/Dienstleistung. Der gesamte wirtschaftliche Beschaffungsprozess wird mit einbezogen, egal ob der Vorteilsgeber die Waren/Dienstleistungen bezieht oder liefert.[94]

Dieses Merkmal dürfte auch bei Einladungen und Geschenken im Zusammenhang mit Fußballspielen eher unproblematisch sein, da die Begriffe weit auszulegen sind. Dienstleistungen können daher alle denkbaren Vertragsbeziehungen, Lieferbeziehungen oder sonstige Dienstleistungsbeziehungen sein.

92 Vasilikou, *Zuwendungen im geschäftlichen Verkehr*, 115; Tiedemann in Laufhütte, Rissing-van Saan, und Tiedemann, *LK*, 10 §§ 284-305 a;§ 299 Rn 30; Dannecker in Kindhäuser, Neumann, und Paeffgen, *NK*, § 299 Rn 54; Krick in Hefendehl u. a., *MüKo zum StGB*, § 299 Rn 26.

93 Dannecker in Kindhäuser, Neumann, und Paeffgen, *NK*, § 299 Rn 54; Vasilikou, *Zuwendungen im geschäftlichen Verkehr*, 115; Krick in Hefendehl u. a., *MüKo zum StGB*, § 299 Rn 26.

94 BGH 10, 269, 270.; Vasilikou, *Zuwendungen im geschäftlichen Verkehr*, 114 f.; Tiedemann in Laufhütte, Rissing-van Saan, und Tiedemann, *LK*, 10 §§ 284-305 a;§ 299 Rn 31; Dannecker in Kindhäuser, Neumann, und Paeffgen, *NK*, § 299 Rn 55; Krick in Hefendehl u. a., *MüKo zum StGB*, § 299 Rn 26.

In dem Beispiel erhält der Firmeninhaber die Eintrittskarte als Ware. Im Ergebnis kann also von einer korrupten Handlung gesprochen werden.

4.2 Verwirklichung der öffentlichen Korruptionsdelikte gem. §§ 331 ff. StGB durch Einladungen und Geschenke

Bei Korruptionsdelikten wird zwischen situativer, struktureller, systematischer[95] und initiierter Korruption sowie weiteren Formen der Korruption unterschieden.[96] Interessant für diese Arbeit ist insoweit die initiierende Korruption, die durch häufige kleinere Geschenke und Zuwendungen besticht und allgemein als „Anfüttern" bezeichnet wird. Dabei soll auf unterschwellige Art ein Abhängigkeitsverhältnis herbeigeführt werden, welches dann zu einem späteren Zeitpunkt ausgenutzt werden soll.[97] Hierbei wird zu Anlässen wie Geburtstagen oder Jubiläen eine „Kleinigkeit" überreicht, um ein gutes Klima zwischen den Parteien herzustellen.

4.2.1 Verwirklichung durch „Anfüttern"

Im Rahmen der §§ 331 und 333 StGB spielt dieses „Anfüttern" eine erhebliche Rolle, wohingegen der § 299 StGB solche Praktiken nicht erfasst. Natürlich kann sich im Rahmen der §§ 331 ff. StGB im Zusammenhang mit Fußballspielen strafbar machen, wer wie oben dargestellt die Tatbestände verwirklicht.

Im Rahmen von Geschenken und Einladungen im Zusammenhang mit Fußballspielen stellt sich allerdings die Frage, ob es das „Anfüttern" überhaupt geben kann, da die meisten Einladungen bereits den Geringfügigkeitsrahmen überschreiten. Der Wert z. B. einer Eintrittskarte liegt insoweit deutlich darüber.

95 Vasilikou, *Zuwendungen im geschäftlichen Verkehr*, 32.

96 Ebd.; „BKA – Bundeslagebilder Korruption – Bundeslagebild Korruption 2015", 3; Androulakis, *Die Globalisierung der Korruptionsbekämpfung*, 46, 47; weitere Erscheinungsformen sind die „Öffentliche" und „private" Korruption;

97 Mölders, *Bestechung und Bestechlichkeit im internationalen geschäftlichen Verkehr*, 18; Vasilikou, *Zuwendungen im geschäftlichen Verkehr*, 33.

Dennoch lässt sich ein „Anfüttern" auch hier finden, indem die offizielle Einladung zu dem Fußballspiel für die Dienstausübung des Amtsträgers (z. B. Politikers) im Rahmen seiner Repräsentationsaufgaben erlaubt ist. Darüber hinaus werden dem Amtsträger aber noch weitere kleine Geschenke z. B. für seine Kinder überreicht.

Diese kleinen Geschenke könnten dann als „Anfüttern" gesehen werden und werden allgemein als unechte Geschenke bezeichnet.

Unechte Geschenke werden generell von einem Schenkenden an den Empfänger übergeben, wobei damit (noch) keine Handlung oder Unterlassung des Empfängers bezweckt wird. Unechte Geschenke dienen vielmehr der Schaffung einer wohlwollenden Haltung des Empfängers gegenüber dem Schenkenden. Es soll eine Art „Geneigtheit" und Nähe geschaffen werden.

Problematisch gestaltet sich an dieser Stelle die Unterscheidung von unechten, also potentiell strafbaren Geschenken, und echten Geschenken, die in allen Gesellschaften anerkannt und straflos sind.[98]

Ein echtes Geschenk soll dann als ein solches gelten, wenn es aus reinen Motiven der Freundschaft, Zuneigung oder Liebe übergeben wird, unabhängig von der Größe oder dem Wert des Geschenks. Das Geschenk muss einen persönlichen Charakter haben und ist daher für andere Dritte im Allgemeinen nicht verwendbar. Durch das Geschenk soll keine Gegenleistung heraufbeschworen werden, sondern es geht dem Schenkenden um die Geste des Freudebereitens und der Freundschaft. Der wichtigste Unterschied zwischen echten Geschenken und Bestechungsleistungen jeder Art liegt somit in der Handlung der Rückzahlung bzw. der erwarteten Gegenleistung.[99]

Daher gilt: Je unpersönlicher das Bestechungsmittel und je größer der Betrag des Bestechungsmittels, umso geeigneter erscheint das Bestechungsmittel, den angestrebten Bestechungszweck zu erreichen.

Wie also kann eine sinnvolle und möglichst eindeutige Abgrenzung zwischen echten und unechten Geschenken im Zusammenhang mit Fußballspielen erfolgen.

---

98 Noonan, Bribes, 687 ff.; Androulakis, *Die Globalisierung der Korruptionsbekämpfung*, 49; Vasilikou, *Zuwendungen im geschäftlichen Verkehr*, 34.

99 Noonan, Bribes, 696; Vasilikou, *Zuwendungen im geschäftlichen Verkehr*, 34.

Die Abgrenzung zwischen echten und unechten Geschenken erscheint nämlich mitunter schwierig und komplex, da viele unterschiedliche Faktoren berücksichtig werden müssen. Diese Faktoren müssen konkret bestimmt und sodann noch richtig interpretiert werden, um ein akzeptables und auch vertretbares Ergebnis zu erhalten.

Um die Linie dieser Abgrenzung feiner ziehen zu können wird im Strafrecht das Korrektiv der Sozialadäquanz verwendet.[100] Geschenke im Zusammenhang mit Fußballspielen können für die Beteiligten gut abgewogen werden, indem der geringe Wert des Geschenkes, die Proportionalität des Vorteils, der Anlass des Geschenkes (z. B. Geburtstag) und die Offenheit des Schenkvorgangs betrachtet wird. Ein echtes, privates Geschenk kann mit diesen Punkten bereits gut von unechten Geschenken abgegrenzt werden.

4.2.2 Verwirklichung durch Schmiergeldzahlungen

Schmiergeldzahlungen sind auf der Korruptionsskala eine Stufe höher anzusiedeln als unechte Geschenke. Sie werden als Gegenleistung für eine konkrete pflicht- und routinemäßige Handlung oder Unterlassung des Vorteilsempfängers geleistet.[101]

Leider hat der Begriff der Schmiergeldzahlungen gerade im Fußball traurige Berühmtheit erlangt, sind doch die Vergabe der WM in Deutschland und auch andere hochrangige Fußballereignisse mit der Vorwurf von gezahlten Schmiergeldern gerade für die Vergabe in das jeweilige Land / die Spielstätte belastet.

Erleichterungszahlungen oder „Facilitating Payments"

Schmiergeldzahlungen werden allgemeinhin auch als Erleichterungszahlungen beschrieben. Erleichterungszahlungen (engl. „Facilitating payments") werden dafür genutzt, bürokratische Routineentscheidungen zu beschleunigen und ggf. schwerfällige Dienst- und Verwaltungsprozesse in Gang zu bringen.[102]

100 Androulakis, *Die Globalisierung der Korruptionsbekämpfung*, 50 f.

101 Ebd., 52f.; Vasilikou, *Zuwendungen im geschäftlichen Verkehr*, 35.

102 Androulakis, *Die Globalisierung der Korruptionsbekämpfung*, 52 f.; Vasilikou, *Zuwendungen im geschäftlichen Verkehr*, 35.

Besonderheit von Erleichterungszahlungen

Die Besonderheit bei dieser Art der Zahlung liegt darin, dass die zu erfüllende Aufgabe, für die das Schmiergeld gezahlt wurde, auch ohne die Bestechungshandlung durchgeführt worden wäre, allerdings voraussichtlich zeitlich deutlich später oder auch in einer schlechteren Qualität. Der Zahler des Schmiergelds zielte also in erster Linie gar nicht auf die Verletzung von Vorschriften ab, da er ja sowieso einen Anspruch auf diese Handlung gehabt hätte.

Diese Form der Facilitating Payments findet überwiegend in Ländern statt, in denen schwer zu durchdringende bürokratische Strukturen vorherrschen und schlecht bezahlte Beamte ihren Dienst versehen. Dies soll aber nicht darüber hinweg täuschen, dass auch in Deutschland Schmiergeldzahlungen geleistet werden.

Strafbarkeit von Erleichterungszahlungen

Es stellt sich letztlich die Frage, ob Schmiergeldzahlungen überhaupt als strafbare Korruption anzusehen sind, wenn man wie oben dargestellt davon ausgeht, dass der Zahler des Schmiergelds sowieso einen Anspruch auf die Leistung gehabt hätte.

Selbst wenn man diese Frage im Grundsatz verneint und fortgesetzte Facilitating Payments als straflose Erleichterungszahlung annimmt, ist dennoch davon auszugehen, dass diese fortgesetzten Zahlungen ebenso geeignet sind, korrupte Netze zu flechten und die Parteien in Situationen der beginnenden und dann ggf. auch fortgesetzten Korruption zu bringen. Daher sollten Schmiergeldzahlungen bzw. Facilitating Payments zumindest kritisch betrachtet und möglichst vermieden werden.

4.2.3 Verwirklichung durch Bestechungszuwendungen

Es stellt sich nun die Frage, wie sich Bestechungszuwendungen in das gesamte Gefüge der Korruption einfügen und worum es sich bei Bestechungszuwendungen konkret handelt? Fraglich ist weiterhin, in welchem Verhältnis sie zu Schmiergeldzahlungen stehen.

In Abgrenzung zu Schmiergeldzahlungen zielen Bestechungszahlungen auf spezifische pflichtwidrige Handlungen oder ein konkretes Unterlassen ab.[103]

Der Vorteilsempfänger missbraucht seinen ihm eingeräumten Ermessensspielraum, indem er Dienstregeln verletzt, sachwidrige Entscheidungen trifft oder auch Spielräume seines Ermessens gänzlich überschreitet.

Diese Handlungen führt der Vorteilsempfänger zugunsten eines Dritten aus, der nicht notwendigerweise der Leistende der Bestechungszahlung sein muss. Oft werden Dreiecksverhältnisse genutzt, um den Weg der Bestechungszahlung zu verschleiern.

Ein klassisches Beispiel für einen Bestechungsfall ist die Auftragsvergabe z. B. für eine öffentliche Ausschreibung zur Vergabe eines Bauvorhabens oder für die Vergabe im Zusammenhang mit Fußballturnieren.

Hierbei spielen als korrupte Beteiligte ein Unternehmer einerseits und z. B. ein zuständiger Beamter für die Auswahl des Unternehmers für den öffentlichen Bauauftrag andererseits eine wesentliche Rolle bzw. im Rahmen der Turniervergabe die entsprechenden Beteiligten, z. B. die FIFA und entsprechende Politiker.

Es wird ein Auswahlprozess im Sinne des Interessenten beeinflusst, so dass sichergestellt ist, dass der Auftrag oder das Turnier entsprechend vergeben wird, selbst wenn die Konkurrenz bessere Angebote/Rahmenbedingungen während der Ausschreibung unterbreitet hat.

103 Androulakis, *Die Globalisierung der Korruptionsbekämpfung*, 53 f.; Vasilikou, *Zuwendungen im geschäftlichen Verkehr*, 35.

5 Restriktionen

Fraglich ist, warum man Restriktionen, also Beschränkungen der Tatbestände braucht und welche Möglichkeiten es hierfür gibt.

Wie bereits dargelegt, werden die Tatbestandsvoraussetzungen der §§ 299, 331 ff. StGB sehr weit ausgelegt. Dadurch können auch Vorteile wie die Befriedigung des eigenen Ehrgeizes oder die Möglichkeit auf eine Beförderung dem Tatbestand unterfallen.[104] Es wurde durch die Rechtsprechung des BGH bereits der Versuch unternommen, die ausgeweitete Anwendung des Vorteilsbegriffs einzuschränken. Dies ist jedoch in der Praxis nicht ausreichend, und so werden die Einschränkungen an anderer Stelle des Tatbestandes vorgenommen.

Für diese Arbeit sind für die Geschenke und Einladungen im Zusammenhang mit Fußballspielen die sozialadäquaten Vorteile von Relevanz und sollen Gegenstand der Untersuchung sein.

5.1 Einschränkungen durch Merkmal der Sozialadäquanz

Fraglich ist, wie durch das Konstrukt der Sozialadäquanz die sozialadäquaten Vorteile herausgefiltert werden können und welche Maßstäbe angelegt werden müssen.

Wie später noch diskutiert wird, gibt es durchaus Stimmen, die das Konstrukt der Sozialadäquanz, zumindest in der teilweise ausufernd angewendeten Form, kritisch betrachten. Was heißt aber sozialadäquat überhaupt?

Unter einem sozialadäquaten Verhalten wird ein solches Verhalten verstanden, welches zwar äußerlich alle Merkmale eines gesetzlichen Straftatbestandes der §§ 299, 331 ff. StGB erfüllt, sich aber innerhalb der

---

104 Vasilikou, *Zuwendungen im geschäftlichen Verkehr*, 167; Fischer, *Strafgesetzbuch mit Nebengesetzen*, § 331 Rn 11 e.

üblichen, geschichtlich entwickelten Ordnung also im Rahmen des sozial Üblichen und von der Allgemeinheit Gebilligten bewegt.[105]

Mit Hilfe der Sozialadäquanz wird versucht, diejenigen Vorteile abzugrenzen und aus dem Tatbestand auszublenden, die sich innerhalb eines bestimmten Rahmens der sozialethischen Ordnung und des Gemeinschaftslebens befinden.[106] So sollen solche Vorteile ausgeschlossen sein, die den Regeln der Höflichkeit und der Verkehrssitte entsprechen. Eine gesetzliche Regelung wie sie z. B. in der Schweiz zu finden ist, fehlt in Deutschland indes.[107]

So wird die Sozialadäquanz bei gewohnheitsmäßigen und geringwertigen Vorteilen als Korrekturhilfe herangezogen, um gerade solche Fälle von der Strafbarkeit der Bestechungsdelikte abzugrenzen.[108]

Über die Höhe, d. h. ab wann ein Vorteil nicht mehr als geringwertig angesehen wird, besteht zwar derzeit noch keine Einigkeit. Jedoch sollen zumindest Werbegeschenke, Kugelschreiber und Notizblöcke als geringwertige Vorteile gelten.[109]

Im Rahmen der §§ 331 ff. StGB werden teilweise Geschenke im Wert von mehr als 25 – 30 EUR und teilweilse auch erst von mehr als 50 EUR (bei § 248 a StGB Diebstahl und Unterschlagung geringwertiger Sachen) nicht mehr als sozialadäquat angesehen.[110]

105 BGHSt 23, 226, 228; Vasilikou, *Zuwendungen im geschäftlichen Verkehr*, 168, 173.

106 Rönnau in Achenbach u. a., *Handbuch Wirtschaftsstrafrecht*, 3. Teil II, Rn 23; Dannecker in Kindhäuser, Neumann, und Paeffgen, *NK*, § 299 Rn 39; Fischer, *Strafgesetzbuch mit Nebengesetzen*, § 299 Rn 16 a.

107 Gem. § 4 a schwUWG gilt, dass „vertraglich vom Dritten genehmigte, sowie geringfügige, sozial übliche Vorteile“ aus dem Vorteilsbegriff ausgenommen werden; Vasilikou, *Zuwendungen im geschäftlichen Verkehr*, 138.

108 BGH NStZ 2005, 334 f.; Fischer, *Strafgesetzbuch mit Nebengesetzen*, § 299 Rn 16 a und § 331 Rn 25 ff.; Vasilikou, *Zuwendungen im geschäftlichen Verkehr*, 138.

109 Fischer, *Strafgesetzbuch mit Nebengesetzen*, § 299 Rn 16 a und § 331 Rn 25 ff.; Dannecker in Kindhäuser, Neumann, und Paeffgen, *NK*, § 299 Rn 39.

110 Rönnau in Achenbach u. a., *Handbuch Wirtschaftsstrafrecht*, 3. Teil II Rn 22; Fischer, *Strafgesetzbuch mit Nebengesetzen*, § 331 Rn 26 a; Hohmann in Hefendehl u. a., *MüKo zum StGB*, § 248 a Rn 4 ff.; Valerius, „Zur Sozialadäquanz im Strafrecht“, 561, 563.

Bei § 299 StGB wird hingegen ein höherer Maßstab von bis zu 100 EUR und sogar 200 EUR angelegt.[111] Ob dieser höhere Maßstab vertretbar ist oder nicht, ist Inhalt ständiger und weitgehender Diskussionen sowohl in Literatur als auch Rechtsprechung.

Bei der Beurteilung höherwertiger Vorteile werden auch die sonstigen Begleitumstände wie z. B. die berufliche Stellung und die Lebensumstände des Angestellten sowie der Anlass und weitere Umstände in den Beurteilungsmaßstab mit einbezogen.[112]

Dies wird auf der anderen Seite aber kritisiert, da es schwer ist, die Kriterien genau zu beschreiben, zu begründen und im Zweifelsfall zu beweisen.[113]

Im Ergebnis stellt sich für den Empfänger eines Vorteils immer die Frage nach der eigenen Strafbarkeit. Will ein Empfänger eine Strafbarkeit auf jeden Fall vermeiden, sollte er zugunsten der Rechtssicherheit auf höherwertige Vorteile verzichten.

5.1.1 Kritische Betrachtung der Sozialadäquanz

Uneinigkeit besteht allerdings darüber, ob dem Merkmal eine lediglich klarstellende Rolle zukommt, da schließlich jede Verknüpfung eines Vorteils mit der Bevorzugung im geschäftlichen Verkehr unlauter sei[114] (so die h. M.).

Das Merkmal der unlauteren Bevorzugung im Wettbewerb wird nach Ansicht von Beckemper und weiteren Stimmen in der Literatur der Compliance-Praxis oft unterschätzt.[115]

111 Rönnau in Achenbach u. a., *Handbuch Wirtschaftsstrafrecht*, 3. Teil II Rn 42; Vasilikou, *Zuwendungen im geschäftlichen Verkehr*, 139.

112 Vasilikou, *Zuwendungen im geschäftlichen Verkehr*, 139.

113 Ebd.; Rönnau in Achenbach u. a., *Handbuch Wirtschaftsstrafrecht*, 3. Teil II Rn 24; Valerius, „Zur Sozialadäquanz im Strafrecht“, 561, 563.

114 Fischer, *Strafgesetzbuch mit Nebengesetzen*, § 299 Rn 16; Dannecker in Kindhäuser, Neumann, und Paeffgen, *NK*, § 299 Rn 53.

115 Beckemper in Hellmann und Beckemper, *Wirtschaftsstrafrecht*, 384 f.; Dannecker in Kindhäuser, Neumann, und Paeffgen, *NK*, § 299 Rn 39; Tiedemann in Laufhütte, Rissing-van Saan, und Tiedemann, *LK*, 10 §§ 284-305 a;§ 299 Rn 28.

Danach werden nur Vorteilszuwendungen vom Tatbestand erfasst, die tatsächlich eine *unlautere* Bevorzugung im Wettbewerb zum Ziel haben.

Die Praxis indes geht aus eigenen Sicherheitsgründen an vielen Stellen deutlich restriktiver vor und stellt strengere Compliance-Regeln auf, die die Höhe der erlaubten Zuwendungen an Angestellte anderer Unternehmen erlauben. Die Summe wird dabei aus unterschiedlichen Gründen (steuerliche Gründe, Gleichstellung und Vereinfachung für die Mitarbeiter) oft auf 35 EUR beschränkt und gilt gleichermaßen für Zuwendungen an Mitarbeiter anderer Unternehmen sowie eigene Angestellte.

Diese Praxis geht über die gesetzlichen Vorgaben hinaus, was u.a. auf die Interpretation der Wissenschaft zurückzuführen ist.[116] Danach ist die Höhe der erlaubten Vorteile anzupassen und gerade nicht auf Werbegeschenke beschränkt. Die Zuwendung eines Vorteils soll aber jedenfalls dann nicht strafbar sein, wenn sie sozialadäquat ist.

Unter anderem diese Ansicht hat dazu geführt, dass in der Praxis sehr detailliert über die Höhe einer Zuwendung diskutiert wird, um festzustellen bis zu welcher Höhe der Zuwendung diese noch als sozialadäquat zu sehen ist. Die Euro-Beträge schwanken hier stark und bewegen sich mitunter, bis zu einem höheren dreistelligen Betrag.[117]

Diese Diskussionen sind allerdings vor dem Hintergrund des Sinn und Zwecks des § 299 StGB aus rein theoretischer Sicht nicht nachvollziehbar.

Im Unterschied zu § 331 StGB verlangt der § 299 StGB die Absicht der unlauteren Bevorzugung im Wettbewerb. Der gewährte Vorteil und die Bevorzugung im Wettbewerb müssen deshalb in einer Unrechtsverein-

116 Dannecker in Kindhäuser, Neumann, und Paeffgen, *NK*, § 299 Rn 39; Tiedemann in Laufhütte, Rissing-van Saan, und Tiedemann, *LK*, 10 §§ 284-305 a;§ 299 Rn 28.

117 Vasilikou, *Zuwendungen im geschäftlichen Verkehr*, 159 m.w.N. aus den Verhaltenskodizes (Code of Conduct) von der Henkel AG, adidas AG, Beiersdorf Konzerns, Daimler AG, Fresenius SE Co KGaA, Heidelberg Cement, Münchener Rück, SAP, BMW Group, Deutsche Post, Infineon, Thyssenkrupp, RWE, Bayer AG, Deutsche Bank AG, Deutsche Börse.

barung zueinander stehen, welche die Vorteilsgewährung in dieser Form nicht erfordert.[118]

Aus diesem Grund bedarf es keiner Einschränkung auf sozialadäquate Vorteile, denn ein Vorteil, der gewährt wird, um eine unlautere Bevorzugung herbeizuführen, kann auch unabhängig von seinem Wert nicht sozialadäquat sein.

§ 299 StGB verlangt nämlich lediglich den Willen des Gebenden bzw. des Nehmenden zur Herbeiführung der Bevorzugung. Es geht um die Absicht der handelnden Parteien, gerade unlautere Entscheidungen herbeizuführen. Hierdurch wird dann aus einer Zuwendung ein Vorteil i. S. d. § 299 StGB, unabhängig vom Wert des Vorteils.

Daraus folgt dann aber, auch nach Ansicht der Bearbeiterin, dass auch ein geringwertiger Gegenstand Mittel einer unlauteren Bevorzugung sein kann. Es kommt allein auf den Willen der Parteien an, wenn der Gegenstand in der Absicht gegeben oder angenommen wird, um eine unlautere Bevorzugung zu erlangen.

In der Konsequenz müssten dann, unabhängig von ihrem Wert, die Gabe und Annahme von Vorteilen erlaubt sein, wenn keine Unrechtsvereinbarung zugrunde liegt.

Dieses Ergebnis ist in der Praxis aber kaum durchführbar, und die Beweisbarkeit der strafrechtlich relevanten Sachverhalte dürfte auch mehr als kompliziert sein.

Die oben dargestellte Idee mag in der Rechtstheorie zwar durchaus begründbar und dogmatisch korrekt sein. In der Praxis kann die Anwendung jedoch nicht empfohlen werden. Eine Einführung von klaren Wertgrenzen erscheint daher sinnvoll.

5.1.2 Sozialadäquanz im Fußball

Unternehmen, Vereinen und Verbänden, die sich in diesem komplexen Wirtschaftskreis rechtstreu verhalten wollen, ist daher zu raten, klare Regelungen zu entwickeln, die feste Grenzen für erlaubte Zuwendungen darstellen. Dies schafft für die Mitarbeiter und die Führungsetage entsprechende Klarheit und sodann auch Sicherheit im Umgang mit sol-

118 Beckemper in Hellmann und Beckemper, *Wirtschaftsstrafrecht*, S. 384 f. Rn 48; Valerius, „Zur Sozialadäquanz im Strafrecht“, 561, 564.

chen Vorteilen. Schließlich kann man die Gedanken und tatsächlichen Gründe für eine Handlung nicht mit Sicherheit wissen.

Das bedeutet, dass es natürlich auch im Zusammenhang mit Fußballspielen bei Einladungen und Geschenken sozialadäquate Zuwendungen geben kann. Die Grenzen, wann eine solche Einladung oder ein Geschenk (noch) als sozialadäquat angesehen werden kann, sind allerdings unterschiedlich zu betrachten und sollten jeweils im Einzelfall überprüft werden.

5.2 Einschränkungen durch Merkmal der Geringfügigkeit

Fraglich ist, ob eine Restriktion der Strafbarkeit durch das Merkmal der Geringfügigkeit sinnvoll erreicht werden kann.

Interessant ist dieses Merkmal für diese Arbeit deshalb, weil für Geschenke und Einladungen im Zusammenhang mit Fußballspielen feste Wertgrenzen aufgestellt werden können, anhand derer sich Einladende und Eingeladene orientieren können.

Das Merkmal der Geringfügigkeit soll generell herangezogen werden, um strafbare von nicht strafbaren Vorteilen zu unterscheiden. Die Geringwertigkeit kann damit ein Indiz für das Fehlen einer Unrechtsvereinbarung sein. Gerade dies hat der Gesetzgeber für § 331 ff. StGB wohl aber absichtlich offen gelassen, um selbst bei geringwertigen Zuwendungen und einer entsprechenden Unrechtsvereinbarung eine Strafbarkeit annehmen zu können.[119]

Auch im Rahmen des § 299 StGB sollen geringwertige Vorteile nicht erfasst sein. Diese werden im Rahmen der Sozialadäquanz bereits mit dem Hinweis auf die Verkehrssitte und der Übereinstimmung mit den Regeln der Höflichkeit herausgefiltert.[120]

Einer separaten Betrachtung der Geringfügigkeit als Restriktionsmittel bedarf es daher nach h. M. wohl nicht.

---

119 BGH NStZ 2000, 596, 599 Vasilikou, *Zuwendungen im geschäftlichen Verkehr*, 190 f.; Korte in Hefendehl u. a., *MüKo zum StGB*, § 331 Rn 62.

120 Dannecker in Kindhäuser, Neumann, und Paeffgen, *NK*, § 299 Rn 39.

Nach dem oben gesagten erweisen sich die Restriktionskriterien als Möglichkeit, einen ersten Eindruck zu erhalten, ob eine Handlung strafbar sein kann oder nicht.

Für Einladungen und Geschenke im Zusammenhang mit Fußballspielen kann hieraus jedoch keine Empfehlung für ein zuverlässiges Handeln abgeleitet werden. Es ist daher weiter nach möglichen Einschränkungen und Hilfsmöglichkeiten zu suchen.

5.3 Einschränkung durch Merkmal der Unlauterkeit

Fraglich ist, ob sich hierdurch eine Restriktion erläutern lässt. Das Merkmal der Unlauterkeit wird im § 299 StGB in der Form „in unlauterer Weise" erwähnt.

Die im Rahmen der Unrechtsvereinbarung geplante Bevorzugung im Wettbewerb muss danach „in unlauterer Weise" erfolgen. Dieses Merkmal ist ebenfalls mit Blick auf die Zukunft zu verstehen und ist daher abhängig von der Vorstellung des Täters.[121]

Aus historischer Sicht wurde das Merkmal der Unlauterkeit aufgenommen, um den Tatbestand einzuschränken. Es sollten damit die als „unbedenklich" gezeichneten Gefälligkeiten und ähnlichen Zuwendungen vom Tatbestand ausgeschlossen werden.[122]

In der jüngeren Vergangenheit haben sich jedoch in der Rechtsprechung und Literatur zwei weitere Ansichten zur Funktion des Merkmals der Unlauterkeit heraus kristallisiert. Nach h. M. grenzt das Merkmal der Unlauterkeit nun sachwidrige von sachgerechten Motiven der Bevorzugung ab.[123] Die Unlauterkeit wird in dieser Hinsicht bereits in der Verknüpfung zwischen der Vorteilsgewährung an einen Angestell-

121 Dannecker in ebd., § 299 Rn 50; Tiedemann in Laufhütte, Rissing-van Saan, und Tiedemann, *LK*, 10 §§ 284-305 a;§ 299 Rn 39.

122 RT-Drucks. 1909 Nr. 1390, S. 8449.; Vasilikou, *Zuwendungen im geschäftlichen Verkehr*, 116.

123 BGH2, 396, 401.; Fischer, *Strafgesetzbuch mit Nebengesetzen*, § 299 Rn 16; Tiedemann in Laufhütte, Rissing-van Saan, und Tiedemann, *LK*, 10 §§ 284-305 a;§ 299 Rn 42; Lackner und Kühl, *Strafgesetzbuch*, § 299 Rn 5.

ten oder Beauftragten mit der darauffolgenden Bevorzugung im Wettbewerb gesehen.

Die zweite Ansicht knüpft an den Begriff der guten Sitten gem. § 1 UWG an und verweist auf das Anstandsgefühl, über welches der verständige durchschnittliche Gewerbetreibende verfügt.

Eine Bevorzugung wird also dann als unlauter angesehen, wenn sie gegen die Grundsätze des freien und lauteren Wettbewerbs verstößt. Dies ist immer dann der Fall, wenn die Besserstellung gemessen an den Grundsätzen des lauteren Wettbewerbs nicht ausschließlich nach sachlichen Erwägungen stattgefunden hat, sondern von der Vorteilsgewährung beeinflusst wurde.[124]

Dies verstößt dann zumeist auch gegen das allgemein empfundene Anstandsgefühl, so dass beide oben dargestellten Ansichten in einer Mehrzahl von Fällen zu dem gleichen oder wenigstens ähnlichen Ergebnis kommen.

Es erfolgt somit durch das Merkmal der Unlauterkeit eine gewisse Einschränkung des Tatbestandes, denn auch hier wird nochmals die „Unbedenklichkeit“ gewisser Gefälligkeiten geprüft.

Auch dieses Merkmal ist auf Geschenke und Einladungen im Fußball anwendbar.

5.4 Einschränkungen durch im Sport existierende Richtlinien

Fraglich ist, ob im Sport existierende Richtlinien ebenfalls dazu beitragen, die Tatbestände der §§ 299, 331 ff. StGB einzuschränken.

Derzeit existieren in diversen großen Organisationen des Sports bereits verbandsinterne Richtlinien, die Geschenke und Einladungen anlässlich von Sportveranstaltungen behandeln. Beispiele hierfür sind: FIFA – DFB – IOC – DOSB

Diese Richtlinien könnten für Vereine, Verbände und sonstige beteiligte Unternehmen und Personen als Korrektiv dienen, wenn sie zum

124 Dannecker in Kindhäuser, Neumann, und Paeffgen, *NK*, § 299 Rn 50 ff.; Krick in Hefendehl u. a., *MüKo zum StGB*, R 399 Rn 28; Tiedemann in Laufhütte, Rissing-van Saan, und Tiedemann, *LK*, 10 §§ 284-305 a;§ 299 Rn 42.

einen verbindlich und zum anderen durchsetzbar wären. Hinsichtlich der Verbindlichkeit sei direkt darauf hingewiesen, dass diese Richtlinien natürlich keine Gesetzesqualität aufweisen und somit von staatlichen Organen nicht durchgesetzt werden können.

Dennoch könnten Sie als Hilfsregeln zu Rate gezogen werden, wenn sie für die Beteiligten Verbände und Vereine z. B. durch eigene Anerkennung verbindlich sind.

Darüber hinaus gibt es diverse Leitlinien und Regelungen, die ebenfalls Anhaltspunkte für ein rechtstreues Verhalten liefern können.

- Arbeitskreis Corporate Compliance IHK Köln
- DCGC (Deutscher Corporate Governance Codex)
- S20-Leitfaden „Hospitality und Strafrecht“

Nach kritischer Durchsicht und Auseinandersetzung mit den genannten Dokumenten kommt die Bearbeiterin zu dem Schluss, dass diese Texte (mit Ausnahme des DCGC, der in gewissen Zügen durchaus verbindlich ist) gerade keine Verbindlichkeit aufweisen, die durch staatliche Organe durchgesetzt werden könnten.

Die Leitlinien beinhalten zwar an einigen Stellen durchaus konkrete Hilfestellungen und mögliche Vorgaben. Sie sind jedoch an einigen Stellen als „Papiertiger“ ohne die Möglichkeit von Sanktionen einzustufen. Selbst innerhalb einer mächtigen Organisation wie der FIFA gibt es keine Sanktionsmöglichkeiten bei Feststellung von Verstößen der Mitglieder.

Zudem ist derzeit fraglich, ob die Führung der FIFA überhaupt hinter ihren eigenen Regelungen steht: In der Wahl zu FIFA Ethik-Kommission 2017 wurden die aktuellen Leiter gar nicht erst für eine weitere Amtszeit nominiert, obwohl beide Personen hieran großes Interesse geäußert haben. Es stellt sich daher die Frage, ob die beiden ggf. unbequem geworden sein könnten. Diese Vermutung wurde zumindest an einigen Stellen diskutiert.

Trotz der vorhandenen Dokumente, Richtlinien und Ethik-Bereiche bei DFB, IOC, DOSB und FIFA kommt es konstant zu weiteren Skandalen.

Es stellt sich also die Frage, ob die genannten Leitlinien und Kodizes überhaupt wirksam sind bzw. es überhaupt sein wollen. Dies zu hinterfragen wäre höchst interessant, kann im Rahmen dieser Arbeit aber nicht weiter untersucht werden.

Für die Beteiligten von Geschenken und Einladungen im Zusammenhang mit Fußballspielen ist es aufgrund der gesetzlichen Regelungen dennoch immanent wichtig, ausreichend konkrete Leitlinien zu haben, anhand deren eine Orientierung erfolgen kann.

Fraglich ist also wie Unternehmen, Vereine und Verbände Abhilfe schaffen können, um auch weiterhin Geschenke und Einladungen vergeben zu können.

6 Hilfe durch Compliance

Nachdem festgestellt ist, dass eine Notwendigkeit für Einschränkungen, also Restriktionen besteht und dass gewichtige rechtliche und steuerliche Gründe dafür sprechen, dass auch bei Einladungen und Geschenken im Zusammenhang mit Fußballspielen alle notwendigen Regelungen eingehalten werden, stellt sich nun die Frage, ob Compliance hier Abhilfe schaffen kann.

Compliance könnte bei ausreichender Geeignetheit zur Bekämpfung von Korruption beitragen und Regelungen und Prüfmechanismen schaffen, die für die Beteiligten handhabbar und gut zu befolgen sind.

In diesem Kapitel soll daher erläutert werden, was der Begriff der Compliance und der Criminal Compliance bedeutet, ob es eine (Rechts-) Pflicht zur Compliance gibt und ob die Compliance bei der dargestellten Problematik helfen kann.

Es wird nach eventuellen Pflichten von Fußballvereinen in Bezug auf Compliance gefragt und der ggf. daraus resultierenden Pflicht zur Einrichtung von Compliance-Management-Systemen.

6.1 Begriff der Compliance

Es stellt sich die Frage, was unter dem englischen Begriff „Compliance“ zu verstehen ist.

Compliance bedeutet frei übersetzt die Einhaltung rechtlicher Ge- und Verbote, also das Handeln in Übereinstimmung mit geltendem Recht.[125]

Unter geltendem Recht versteht man alle für das Unternehmen, den Konzern oder die jeweiligen Personen geltenden Gesetze, Verordnun-

125 Eufinger, „Zu den historischen Ursprüngen der Compliance“, 21; Behringer in Passarge und Behringer, *Handbuch Compliance international*, 9 f.

gen, unternehmensinterne Richtlinien oder sonstige als verbindlich anerkannte Regelungen.[126] Compliance wird als Teil einer guten Corporate Governance verstanden, die zum Ziel hat, eine sorgfältige Unternehmensführung und Unternehmensüberwachung sicherzustellen.[127]

Dieser Gedanke ist in Europa – und natürlich auch weltweit – nicht neu. Wurde doch bereits in der Hanse der Begriff des „ehrbaren Kaufmanns“ geprägt und beschrieben. Der ehrbare Kaufmann strebte unter Einhaltung eines deutlich ausgeprägten Verantwortungsbewusstseins für das eigene Unternehmen nach wirtschaftlichem Erfolg, ohne jedoch die Interessen der Gesellschaft zu verletzen.

Eine gesetzliche Regelung zu Compliance existiert in Deutschland nicht. Es ist allerdings nicht zu unterschätzen, dass deutsche Unternehmen eine fast unüberblickbare Anzahl von Regulierungen einhalten müssen (geschätzt ca. 15.000). Und so ist die systematische Beschäftigung mit diesen Regulierungen der einzig neue Teilgedanke im Umgang mit rechtstreuem Verhalten der Unternehmen.[128]

Durch eine vom BMJV eingesetzte Regierungskommission wurde der Begriff der Compliance in den Wortlaut des Deutschen Corporate Governance Codex aufgenommen.

---

126 Hauschka, Moosmayer, und Lösler, *Corporate Compliance*, § 1 Nr. 2; Zimmermann, „Die arbeitsrechtliche Implementierung von Compliance-Richtlinien und Konsequenzen bei Bestechlichkeit und Bestechung im geschäftlichen Verkehr (eBook, ePUB)“, Kapitel 2.2.“number-of-pages“:“1980“,“edition“:“3., überarbeitete und erweiterte Auflage“,“source“:“Gemeinsamer Bibliotheksverbund ISBN“,“event-place“:“München“,“ISBN“:“978-3-406-66297-3“,“note“:“OCLC: 922713720“,“shortTitle“:“Corporate Compliance“,“language“:“ger“,“editor“:[{„-family“:“Hauschka“,“given“:“Christoph E.“},{„family“:“Moosmayer“,“given“:“Klaus“},{„family“:“Lösler“,“given“:“Thomas“}],“issued“:{„date-parts“:[[„2016“]]}},“locator“:“§ 1 Nr. 2“,“label“:“page“},{„id“:43,“uris“:[„http://zotero.org/users/local/ZMW6VwbS/items/6SX2FIRR“],“uri“:[„http://zotero.org/users/local/ZMW6VwbS/items/6SX2FIRR“],“itemData“:{„id“:43,“type“:“webpage“,“title“:“Die arbeitsrechtliche Implementierung von Compliance-Richtlinien und Konsequenzen bei Bestechlichkeit und Bestechung im geschäftlichen Verkehr (eBook, ePUB).

127 Stanitzek, *Die Bedeutung von Criminal Compliance für das Strafrecht bei der Bekämpfung von Wirtschaftskorruption*, 29.

128 Behringer in Passarge und Behringer, *Handbuch Compliance international*, 9 f.

Hieraus resultiert gem. Ziffern 4.1.3 und 5.3.2 DCGC eine Pflicht für den Vorstand bzw. Aufsichtsrat einer börsennotierten Aktiengesellschaft, dafür Sorgen zu tragen, dass die Einhaltung von gesetzlichen Bestimmungen und unternehmensinternen Richtlinien sichergestellt wird.[129] Dies wird zwar explizit nur für börsennotierte Aktiengesellschaften genannt, kann jedoch auch als allgemeine Definition aufgefasst werden.[130]

Compliance fällt demnach die Aufgabe zu, Rechtsverstöße zu verhindern bzw. die Haftung bei nicht gänzlich zu verhindernden Rechtsverstößen zu verringern. Nach Möglichkeit sollen Verstöße und Verletzungen basierend auf der Unkenntnis des exakten rechtlichen Rahmens gänzlich verhindert werden.[131]

Unter Compliance versteht man weiterhin Aufsichtsmaßnahmen, die rechtskonformes Verhalten aller Mitarbeiter eines Unternehmens hinsichtlich gesetzlicher oder regulatorischer Ge- und Verbote sicherstellen.[132]

Compliance erfüllt also verschiedene Aufgaben, wobei die wohl wichtigste Funktion im Bereich von Risikobegrenzung und Haftungsvermeidung liegt. Compliance übernimmt die Beratungsfunktion, Information, Qualitätssicherung, Innovation und Kontrolle, findet Wege, um Konsequenzen zu etablieren, und hilft dem Unternehmen, seinen Organen und Mitarbeitern, sich im „Dschungel" aus Gesetzen und Regeln zurechtzufinden und folgenschwere Verstöße für Mitarbeiter und Geschäftsleitung zu vermeiden. Vornehmliche Aufgabe der Compliance ist es also, Fehlverhalten im Unternehmen zu verhindern.

---

129 „Deutscher Corporate Governance Kodex_finale_Version_D.pdf", Ziffern 4.1.3 und 5.3.2.

130 Zimmermann, „Die arbeitsrechtliche Implementierung von Compliance-Richtlinien und Konsequenzen bei Bestechlichkeit und Bestechung im geschäftlichen Verkehr (eBook, ePUB)", Kapitel 2.2. Note: 1,3, Hochschule Heilbronn Technik Wirtschaft Informatik (Betriebswirtschaft und Unternehmensführung.

131 Stanitzek, *Die Bedeutung von Criminal Compliance für das Strafrecht bei der Bekämpfung von Wirtschaftskorruption*, 30 Rn 9.

132 Bock, *Criminal Compliance*, 746.

6.2 Begriff der Criminal Compliance

Fraglich ist nun, was unter Criminal Compliance zu verstehen ist und ob es überhaupt signifikante Unterschiede zu dem Begriff der Compliance gibt.

Nach heutiger Auffassung umfasst der Begriff Criminal Compliance vor allem alle Maßnahmen, die in einem Unternehmen zur Verhinderung von Straftaten vorgenommen werden.[133] Dadurch soll gewährleistet werden, dass die Begehung von Straftaten oder Ordnungswidrigkeiten durch das Unternehmen (z. B. Begehung durch einen Angestellten), bzw. aus dem Unternehmen heraus, verhindert wird.[134]

Der Begriff der Criminal Compliance wird somit etwas weiter gefasst, als der Begriff der Compliance. Generell wirkt Compliance aber sowohl präventiv[135] als auch repressiv; eine Kombination aus beiden Teilen erweist sich im Kampf gegen Wirtschaftskorruption wohl als effektivstes Mittel, um langfristig und nachhaltig Erfolge zu verzeichnen.

Präventiv kann Compliance auf die Verhinderung von Straftaten durch Richtlinien, Schulungen, der Schaffung eines Bewusstseins zur Einhaltung der Vorschriften und durch Arbeitsanweisungen an die Mitarbeiter erfolgen.[136] Weiterhin können Unternehmen Prozesse und Arbeitsabläufe zu ihrer eigenen sowie der Sicherheit der Mitarbeiter bereits vorab so gestalten, dass die Einhaltung strafrechtlich relevanter Vorschriften sichergestellt bzw. deren Verletzung soweit als möglich verhindert oder erschwert wird.[137]

Die Einrichtung, Sicherstellung und Kontrolle solcher Methoden und Vorgehensweisen kann einem Compliance Officer im Unternehmen durch die Unternehmensleitung zugewiesen werden, die eigentlich selbst

---

133 Ebd.; Stanitzek, *Die Bedeutung von Criminal Compliance für das Strafrecht bei der Bekämpfung von Wirtschaftskorruption*, 30.

134 Pelz, „We observe local law – Strafrechtskonflikte in internationalen Compliance-Programmen“, 234; Bock, *Criminal Compliance*, 21 ff.

135 Pelz, „We observe local law – Strafrechtskonflikte in internationalen Compliance-Programmen“, 234; Bock, *Criminal Compliance*, 26.

136 Pelz, „We observe local law – Strafrechtskonflikte in internationalen Compliance-Programmen“, 234.

137 Ebd.

originär für die Einhaltung von Recht und Gesetz des Unternehmens zuständig ist.[138]

Im Jahre 2009 hat der BGH bereits eine Umschreibung der Aufgaben eines Compliance Officers im Rahmen eines obiter dictums geliefert. Danach ist dessen Aufgabe

> „die Verhinderung von Rechtsverstößen, insbesondere auch von Straftaten, die aus dem Unternehmen heraus begangen werden und diesem erhebliche Nachteile durch Haftungsrisiken oder Ansehensverlust bringen können".[139]

Daraus lässt sich schließen, dass alle Aufgaben und Handlungen von Compliance erfasst werden sollen, die Gegenstand der Verhinderung von Straftaten und sonstigen Verstößen nach dem StGB, OWiG und sonstigen Strafvorschriften sein können.

Eine trennscharfe Abgrenzung zwischen Compliance und Criminal Compliance lässt sich nicht finden. Beide Begriffe werden daher gleichbedeutend verwendet.

6.3 Rechtspflicht zu Compliance

Fraglich ist, ob es eine konkrete Rechtspflicht zur Einführung und Etablierung von Compliance und Compliance Maßnahmen für die genannten Beteiligten von Geschenken und Einladungen im Zusammenhang mit Fußballspielen gibt.

---

138 Meier-Greve, „Zur Unabhängigkeit des sog. Compliance Officers", 216.

139 Garantenpflicht für Leiter Innenrevision, BGH, 17. 7. 2009 – 5 StR 394/08 – *Überhöhte Straßenreinigungsentgelte* in BGH NJW, S. 3173; Meier-Greve, „Zur Unabhängigkeit des sog. Compliance Officers", 216.

Als Rechtsgrundlagen kommen sowohl Gesetze und Regelungen in Betracht, aus denen sich eine generelle Pflicht zur Compliance ableiten ließe, oder auch solche aus dem StGB oder dem OWiG sowie anderen bereichsspezifischen Gesetzen wie dem AktG, dem WpHG oder dem KWG.[140] Eine Rechtspflicht aus Richtlinien oder anderweitigen Regelungen kann nicht angenommen werden, da sie nicht rechtsverbindlich sind.[141]

Zwar ist der Begriff der „Compliance" seit 2007 als eigenständige Aufgabe für Unternehmen von der zuständigen Regierungskommission in den Deutschen Corporate Governance Kodex aufgenommen worden. Dennoch handelt es sich auch hierbei nicht um eine rechtsverbindliche Regelung, die von Gerichten durchgesetzt werden kann.[142]

Vorab kann festgestellt werden, dass es eine zentrale und offensichtliche Rechtspflicht zur Einführung von Compliance oder konkreten Compliance-Maßnahmen nicht gibt.[143] Dennoch findet sich der Compliance-Gedanke im deutschen Recht sowie in ausländischen Rechtsordnungen an einigen Stellen wieder.

Die ausländischen Regelungen des in den USA implementierten Sarbanes Oxley Act (SOA), des Foreign Corrupt Practices Act (FCPA) sowie des in Großbritannien implementierten UK Bribery Act könnten z. B.

---

140 Stanitzek, *Die Bedeutung von Criminal Compliance für das Strafrecht bei der Bekämpfung von Wirtschaftskorruption*, 31 ff.; Ax, Schneider, und Scheffen, *Rechtshandbuch Korruptionsbekämpfung*, Rn 131; Bock, *Criminal Compliance*, 355, 361 f.; Szeny und Menke, „Compliance im Fußball", Abs. Rechtspflicht zur Einführung von Compliance-Maßnahmen?; Müller, *Kartellrechtscompliance in Deutschland*, 51 ff., 72, 80, 103.

141 Stanitzek, *Die Bedeutung von Criminal Compliance für das Strafrecht bei der Bekämpfung von Wirtschaftskorruption*, 37 z. B. OECD Leitsätze für multinationale Unternehmen; ICC-Verhaltensrichtlinien zur Bekämpfung von Korruption im geschäftlichen Verkehr. S20 – The Sponsor's Voice, „Hospitality_Strafrecht_Leitfaden_s20.pdf"; Dr. Holger Blask (DFL) und Dr. Friedrich Curtius (DFB), „DFB Broschüre Hospitality", 1.

142 OLG München, NZG 2009, 508, 509; „Deutscher Corporate Governance Kodex_finale_Version_D.pdf"; Müller, *Kartellrechtscompliance in Deutschland*, 105; Semler in Goette, Habersack, und Kalss, *Münchener Kommentar zum Aktiengesetz*, Band 3: §§ 118-178:§ 161 Rn 28.

143 Beisheim und Hecker, „Compliance-Verantwortung im Licht der ‚Siemens/Neubürger'-Entscheidung; KommJur 2/2015", 49.

auch Fußball Klubs treffen, wenn und soweit sie sich im Ausland bewegen (Champions League, Europa Pokal) und Schnittstellen zu im Ausland ansässigen Unternehmen bestehen.

6.3.1 Legalitätspflicht

Fraglich ist, ob sich aus der Legalitätspflicht eine Rechtspflicht zu Compliance ableiten lässt. Aus der im Handelsrecht niedergelegten kaufmännischen Sorgfaltspflicht, nämlich der Sorgfalt eines ordentlichen und gewissenhaften Geschäftsmannes, resultiert die Pflicht zu rechtmäßigem Handeln.[144] Danach machen sich Unternehmensleiter, die diese Pflichten nicht befolgen oder gar verletzen, schadenersatzpflichtig, da sie gegen ihre generellen Pflichten als sorgsam und gewissenhaft handelnde Unternehmensleiter verstoßen.

Dies ergibt sich unmittelbar aus den Kompetenz- und Aufgabenzuweisungen sowie den Haftungsnormen im Aktien- und GmbH-Recht gem. §§ 91 AktG und 43 GmbHG.[145]

Für Aktiengesellschaften gilt, dass sie für ein angemessenes Risikomanagement und eine interne Revision zu sorgen haben.[146] Als Folge der Verletzung der Aufsichtspflicht und der daraus resultierenden Verfehlungen der Angestellten kann ein Bußgeld bis zu einer Million Euro pro Fall gem. § 130 OWiG drohen. Auch eine Verbandsstrafe gegen das Unternehmen ist gem. § 30 OWiG vorgesehen, wenn betriebsbezogene Verfehlungen von Mitarbeitern vorliegen. Dann können sogar Geldbu-

144 Rathgeber, *Criminal Compliance*, 148; Stanitzek, *Die Bedeutung von Criminal Compliance für das Strafrecht bei der Bekämpfung von Wirtschaftskorruption*, 35; Beisheim und Hecker, „Compliance-Verantwortung im Licht der ‚Siemens/Neubürger‘-Entscheidung; KommJur 2/2015“, 49 f.; Klaiber, *Die Berücksichtigung von Compliance-Programmen bei den Rechtsfolgen von Kartellverstössen*, 72 ff.

145 Stanitzek, *Die Bedeutung von Criminal Compliance für das Strafrecht bei der Bekämpfung von Wirtschaftskorruption*, 33 ff.; Szeny und Menke, „Compliance im Fußball“, Rechtspflicht zur Einführung von Compliance-Maßnahmen?; Beisheim und Hecker, „Compliance-Verantwortung im Licht der ‚Siemens/Neubürger‘-Entscheidung; KommJur 2/2015“, 49; Rathgeber, *Criminal Compliance*, 145 ff., 252; Müller, *Kartellrechtscompliance in Deutschland*, 121.

146 BR-Drucks. 872/97, S. 36. Stanitzek, *Die Bedeutung von Criminal Compliance für das Strafrecht bei der Bekämpfung von Wirtschaftskorruption*, 34.

ßen bis zu 10 Mio. Euro pro Fall verhängt werden, zuzüglich einer Gewinnabschöpfung.

Es ist aber zu beachten, dass diese Normen keine Pflicht-, sondern Haftungsnormen sind. Die verantwortlichen Unternehmensleiter haften nicht bereits bei einem Verstoß gegen die Compliance-Pflicht, sondern erst dann, wenn eine korrupte Handlung durch einen Mitarbeiter begangen wurde und keinerlei Maßnahmen zur Verhinderung des Verstoßes getroffen worden sind. Das reine Unterlassen von vorbeugenden Compliance-Maßnahmen begründet noch keine Haftung nach § 130 OWiG.[147]

6.3.2 Siemens/ Neubürger Urteil

Fraglich ist, ob sich aus höchstrichterlichen Urteilen Rechtspflichten zu Compliance ableiten lassen. Versäumnisse von Unternehmensleitern im Hinblick auf Compliance beschäftigen nämlich vermehrt die Gerichte.

So benennt das Landgericht München I in seiner „Neubürger-Entscheidung" für Geschäftsleitungsorgane konkrete Pflichten zur Mitarbeiterüberwachung.[148]

In der Entscheidung des LG München ging es um Bestechungszahlungen im Ausland, zu deren Verdeckung Beraterverträge abgeschlossen worden waren. Der Vorstand wurde zur Zahlung von Schadenersatz in Millionenhöhe verurteilt. Die Ermittlungen im Jahre 2006 ergaben, dass bei Siemens über längere Zeit ein System von Schmiergeldzahlungen existierte.[149] So bestätigend auch das LG Darmstadt 2007 (Siemens – Enel-Verfahren Az: 712 Js 5213/04 – 9 KLs).[150]

Das Verfahren gegen den ehemaligen Siemens-Finanzvorstand Heinz-Joachim Neubürger wurde im Juli 2011 eingestellt. Er hatte ein Angebot der Staatsanwaltschaft akzeptiert und 400.000 Euro an gemeinnützige Organisationen gezahlt.

147 Ebd., 32; Rathgeber, *Criminal Compliance*, 161; Hauschka, Moosmayer, und Lösler, *Corporate Compliance*, § 3 Rn 24; kritisch zur Ausgestaltung des § 130 OWiG – Bock, *Criminal Compliance*, 454; Klaiber, *Die Berücksichtigung von Compliance-Programmen bei den Rechtsfolgen von Kartellverstössen*, 72 ff.

148 *Neubürger Entscheidung – LG München I*, – Az. 5HK O 1387/10, 5HK O 1387/10.

149 Wolf in Graeff u. a., *Der Korruptionsfall Siemens*, 9, 12 ff.

150 Wolf in ebd., 12 f.; Niehaus in ebd., 23.

In einem weiteren Zivilverfahren wurde Neubürger 2013 allerdings verurteilt, an Siemens 15 Millionen Euro Schadenersatz zu zahlen, da er während der Korruptionsaffäre seine Aufsichtspflichten verletzt habe. Einen zuvor vom Gericht vorgeschlagenen Vergleich mit seinem ehemaligen Arbeitgeber hatte Neubürger abgelehnt. 2014 einigten sich Neuburger und Siemens darauf, dass Neubürger nur noch Schadenersatz in Höhe von 2,5 Millionen Euro zu leisten hätte. Die Hauptversammlung der Siemens AG stimmte der Vereinbarung am 27. Januar 2015 zu. Wenige Tage nach dieser Einigung beging Neubürger Suizid.

Eine Sorgfaltspflichtverletzung erkannte das Gericht in seinem Urteil[151] insbesondere darin, dass trotz wiederholter und zur Kenntnis des Beklagten gelangter Gesetzesverletzungen durch Mitarbeiter keine ausreichenden Maßnahmen zur Aufklärung und zum Abstellen der Verstöße sowie zur Ahndung der daran beteiligten Mitarbeiter ergriffen worden seien. Darüber hinaus sei trotz sichtbarer Ineffektivität des Compliance-Systems nichts zu dessen Effizienzsteigerung getan worden.

> „Die Einhaltung des Legalitätsprinzips und demgemäß die Einrichtung eines funktionierenden Compliance-Systems gehört zur Gesamtverantwortung des Vorstands.“ (Aus den Leitsätzen der Neubürger Entscheidung)[152]

Betrachtet man diese Entscheidung, erscheint es für Geschäftsleiter elementar, funktionale und wirkungsvolle Compliance-Maßnahmen zu etablieren, um im Zweifelsfall einer eigenen Haftung entgehen zu können. Eine verbindliche Rechtspflicht lässt sich hieraus jedoch nicht ableiten.

6.3.3 ARAG/ Garmenbeck Urteil und Business Judgement Rule

Das BGH[153] Urteil zu ARAG/Garmenbeck könnte als Hinweis dafür dienen, dass der BGH nun eine allgemeine Compliance-Pflicht annimmt. Der BGH hat dabei in seiner Entscheidung die Verpflichtung des Auf-

151 *Neubürger Entscheidung – LG München I*, – Az. 5HK O 1387/10, 5HK O 1387/10.

152 Ebd.

153 *BGHZ 135*, 244.

sichtsrats festgestellt, den Vorstand bei Pflichtverletzungen auf jeden Fall in Anspruch zu nehmen, notfalls auch gerichtlich. Unterlässt der Aufsichtsrat eine solche Inanspruchnahme, macht er sich selbst schadensersatzpflichtig. Dem Verstand wird allerdings bei seinen unternehmerischen Entscheidungen ein weiter Handlungsspielraum zugestanden.[154] Dieses sog. Geschäftsleiterermessen wird als Business Judgement Rule[155] bezeichnet.

Der Gedanke der Business Judgement Rule (BJR) entspringt dem US-amerikanischen Recht. Danach muss es haftungsfreie unternehmerische Handlungsspielräume (auch „safe harbour" genannt) geben. Nach § 93 Abs. 1 S. 2 AktG liegt eine Pflichtverletzung des Vorstands nicht vor, wenn das Vorstandsmitglied bei einer unternehmerischen Entscheidung „vernünftigerweise annehmen durfte, auf der Grundlage angemessener Informationen zum Wohle der Gesellschaft zu handeln."[156] Verletzt der Geschäftsleiter allerdings seine Ermessensspielräume, so haftet er bei einer Schadensverursachung. Eine Haftung des Vorstands ist nach der Business Judgement Rule nur dann ausgeschlossen, wenn folgende fünf Voraussetzungen, ex ante betrachtet, gegeben sind:[157]

- Es muss eine bewusste unternehmerische Entscheidung vorliegen.
- Das Vorstandsmitglied muss seine Entscheidungen gutgläubig im Hinblick auf das Unternehmenswohl getroffen haben.
- Das Handeln des Vorstandsmitglieds muss unabhängig und frei von Sonderinteressen und sachfremden Einflüssen sein.
- Das Vorstandsmitglied handelt zum Wohle der Gesellschaft.
- Das Vorstandsmitglied handelt auf Grundlage angemessener Informationen.

154 So auch Rathgeber, *Criminal Compliance*, 161; Hauschka, Moosmayer, und Lösler, *Corporate Compliance*, § 3 Rn 24.

155 Gabler Wirtschaftslexikons, „Business Judgement Rule (Version: 4)"; Rosinus, *Haftungsvermeidung und -minimierung bei Aufsichtspflichtverletzung und Verbandsgeldbuße durch Compliance in der Praxis*, 61 f.

156 Rosinus, *Haftungsvermeidung und -minimierung bei Aufsichtspflichtverletzung und Verbandsgeldbuße durch Compliance in der Praxis*, 61 f.

157 Vgl. RegE UMAG, BT-Drucks. 15/5092, S.11; Rathgeber, *Criminal Compliance*, 160 f.; Müller, *Kartellrechtscompliance in Deutschland*, 86 ff.

Teile der Literatur vertreten daher (im Ergebnis sogar weiter gehend als der BGH) die Auffassung, dass die Unternehmensleitung bei entsprechender Risikoexposition des Unternehmens eine Compliance-Organisation zum Zwecke der Haftungsvermeidung und Kontrolle der immanenten Risiken einzurichten habe.[158]

Dieser Forderung ist im Ergebnis wohl nicht zu folgen, würde sie doch über die Rechtsprechung des BGH und auch die aktuelle Gesetzgebung hinausgehen.[159]

Gerade die Einführung der Business Judgement Rule zeigt eine gegenläufige Tendenz zur Verschärfung des Wirtschaftsaufsichtsrechts. Nach dem Willen des Gesetzgebers sollen unternehmerische Entscheidungen durch die Anwendung der Business Judgement Rule gerade der gerichtlichen Überprüfung zumindest teilweise entzogen werden. Dadurch wird die Selbständigkeit der unternehmerischen Geschäftsleitung gestärkt, denn auch im gerichtlichen Verfahren muss wie schon erwähnt eine Ex ante Betrachtung als Maßstab bei der Beurteilung eines Schadensfalls angelegt werden.[160]

Im Ergebnis existiert ein haftungsfreier Ermessensspielraum (safe harbour) für unternehmerische Entscheidungen. Den muss es auch geben, da Manager mit Organverantwortung angesichts des Risikos einer persönlichen Haftung und möglicher strafrechtlicher Sanktionen ansonsten lediglich risikoaverse Entscheidungen treffen würden.[161]

Dennoch kann auch die Regelung der Business Judgement Rule nicht als direkte Verpflichtungsnorm zur Einrichtung eines Compliance-Systems verstanden werden.

---

158 Fleischer, „CCZ, Corporate Compliance im aktienrechtlichen Unternehmensverbund", 1, 2.

159 Vgl. UMAG – Gesetz zur Unternehmensintegrität und Modernisierung des Anfechtungsrechts v. 22.09.2005 (BGBl. I, S. 1926, 1928); Rathgeber, *Criminal Compliance*, 163 f.

160 Ebd., 164; Rosinus, *Haftungsvermeidung und -minimierung bei Aufsichtspflichtverletzung und Verbandsgeldbuße durch Compliance in der Praxis*, 64, 65; Müller, *Kartellrechtscompliance in Deutschland*, 85.

161 vgl. BGHZ 134, 392, 398 zur GmbH; Müller, Kartellrechtscompliance in Deutschland, 85.

6.3.4 Lederspray Urteil

Fraglich ist, ob sich aus der „Lederspray“-Entscheidung des BGH[162] eine Rechtspflicht für Compliance ableiten lässt. Seit der „Lederspray“-Entscheidung des BGH wird die strafrechtliche Geschäftsherrenhaftung diskutiert. Hierbei wurde die Frage erörtert, ob leitende Funktionäre und Betriebsinhaber eines Unternehmens eine Garantenpflicht zur Verhinderung betriebsbezogener Straftaten von Mitarbeitenden trifft.

In seinem Urteil machte der Bundesgerichtshof klar, dass auch bei mehrköpfiger Geschäftsführung jeder der Geschäftsführer alles tun muss, um etwaige Schäden zu verhindern, die aus dem Unternehmen heraus entstehen. Die Enthaltung bei der Abstimmung über den Rückruf eines schädigenden Produkts reicht nicht aus, wenn weiterhin Menschen oder Sachen zu Schaden kommen.[163]

Als weiteren Ausfluss aus der „Lederspray“-Entscheidung wird der Sichtwechsel des bis dahin bewährten „Bottom-up“-Prinzips hin zu der „Top-down“-Betrachtung verstanden.[164] Beim „Bottom-up“-Ansatz wird das Prinzip des unmittelbar Handelnden verfolgt, wohingegen beim „Top-down“-Ansatz das Zentrum der Suche nach Verantwortung die Sekundärverstöße des Managements als Ausgangspunkt der Verantwortungskette sind.

Hiernach fallen nun Organisationspflichten originär in die Primärverantwortung der Geschäftsleitung, wodurch wiederum eine faktische Haftungsverschärfung eintritt.[165]

Fehlverhalten, das auf eine grundsätzliche Willensentscheidung (der Geschäftsleitung) zurückzuführen ist kann lediglich mithilfe dieses „Top-down“-Ansatzes erfasst und den Sonderdelikten zugeführt wer-

---

162 *BGHSt 37*, 106 ff.

163 Ebd., 114; Geismar, *Der Tatbestand der Aufsichtspflichtverletzung bei der Ahndung von Wirtschaftsdelikten*, 20; Bock, *Criminal Compliance*, 282; Szeny und Menke, „Compliance im Fußball“.

164 Geismar, *Der Tatbestand der Aufsichtspflichtverletzung bei der Ahndung von Wirtschaftsdelikten*, 20; Bock, *Criminal Compliance*, 282 f.

165 Geismar, *Der Tatbestand der Aufsichtspflichtverletzung bei der Ahndung von Wirtschaftsdelikten*, 20; Bock, *Criminal Compliance*, 284.

den.[166] Dieser Ansatz entspricht auch dem gesellschafts- und arbeitsrechtlichen Bild von Zuständigkeiten innerhalb eines Unternehmens.[167]

Aber auch aus diesem Urteil des BGH kann keine Rechtspflicht für Compliance entwickelt werden.

6.3.5 Deutscher Corporate Governance Kodex (DCGK)

Seit dem 30.08.2002 ist der DCGK in Kraft. Er befasst sich mit den Grundsätzen der guten Unternehmensführung und wird jährlich auf seine Aktualität hin überprüft und fortgeschrieben.[168]

Hierin werden allgemein anerkannte Standards guter und verantwortungsvoller Unternehmensführung und -überwachung benannt. Allerdings ist der DCGK lediglich an börsennotierte Gesellschaften gerichtet, und nur wo auch allgemeine Standards genannt werden, die für alle Unternehmen geeignet sind, richtet sich der DCGK auch an jene Unternehmen.[169]

Der Begriff der Compliance wird in Ziffer 4.1.3 des DCGK genannt, und benennt ähnlich dem Wortlaut des § 130 OWiG die Legalitäts- und Organisationspflicht, ohne dass hieraus jedoch eine gesetzliche Pflicht zu Compliance resultieren würde.[170]

Aus dem DCGK lassen sich weiterhin eine Überwachungs- und Informationspflicht für den Aufsichtsrat (Ziffern 5.3.2 und 5.3.4. Abs. 2) und ein Verbot von Bestechlichkeit und Bestechung von Vorstandsmitglie-

166 Bock, *Criminal Compliance*, 284; Alexander, *Die strafrechtliche Verantwortlichkeit für die Wahrung der Verkehrssicherungspflichten in Unternehmen.*, 43.

167 Alexander, *Die strafrechtliche Verantwortlichkeit für die Wahrung der Verkehrssicherungspflichten in Unternehmen.*, 43.

168 „Deutscher Corporate Governance Kodex_finale_Version_D.pdf".

169 Stanitzek, *Die Bedeutung von Criminal Compliance für das Strafrecht bei der Bekämpfung von Wirtschaftskorruption*, 39 mit einem Hinweis auf den Bericht der Regierungskommission Corporate Governance Codex (S. 13), der eine Empfehlung zur Befolgung des DCGK für solche Unternehmen ausspricht, die einen Börsengang planen.

170 Müller, *Kartellrechtscompliance in Deutschland*, 107 f.; Rosinus, *Haftungsvermeidung und -minimierung bei Aufsichtspflichtverletzung und Verbandsgeldbuße durch Compliance in der Praxis*, 60, 61; Pape, *Corporate compliance*, 107, 111.

dern und Arbeitnehmern entnehmen. Hieraus ergeben sich jedoch keine gesetzlichen Verpflichtungen zur Einrichtung von Compliance.

Auch aus § 161 AktG ergibt sich insoweit nichts anderes. Es besteht eine Erklärungspflicht bezüglich der Umsetzung des DCGK, die ausdrücklich eine Abweichung von den Empfehlungen des DCGK zulässt.[171] Eine Rechtspflicht zu Compliance ergibt sich hieraus nicht.

6.3.6 Ausländische Rechtsgrundlagen

Fraglich ist, ob auch ausländische Rechtsgrundlagen Einfluss auf die Beurteilung von Geschenken und Einladungen im Zusammenhang mit Fußballspielen in Deutschland haben können.

Der *Sarbanes-Oxley Act (SOA)*[172] (30.07.2002) gilt im Unterscheid zu den deutschen Regelungen verbindlich für alle an der amerikanischen Börse gelisteten Unternehmen.

Dadurch, dass der Anknüpfungspunkt die Notierung an US-amerikanischen Börsen ist, gilt der SOA auch für ausländische Firmen. Er beinhaltet konkrete Regelungen zu Compliance, zur Unternehmensorganisation, zur Etablierung eines Compliance-Officers sowie weitere detaillierte Regelungen.[173] Der SOA kann somit als direkte Rechtspflicht zu Compliance verstanden werden.

Die Anwendbarkeit für die Beteiligten von Geschenken und Einladungen im Zusammenhang mit Fußballspielen in Deutschland ist allerdings wenn überhaupt nur für einige wenige Unternehmen relevant, so dass hierauf nicht näher eingegangen wird.

---

171 Stanitzek, *Die Bedeutung von Criminal Compliance für das Strafrecht bei der Bekämpfung von Wirtschaftskorruption*, 40 m. w. N. „Deutscher Corporate Governance Kodex_finale_Version_D.pdf" Die Veröffentlichung der Entsprechenserklärungen erfolgt auf der Webseite: http://www.dcgk.de/de/entsprechenserklaerungen.html.

172 Congress of the United States of America, Sarbanes Oxley Act.

173 Stanitzek, *Die Bedeutung von Criminal Compliance für das Strafrecht bei der Bekämpfung von Wirtschaftskorruption*, 41 Eine Bilanzfälschung liegt vor, wenn Schmiergeldzahlungen an der Buchhaltung vorbei getätigt werden; die vom Vorstandsvorsitzenden und dem Finanzvorstand abzugebende Erklärungen über die Richtigkeit und Vollständigkeit des Geschäftsabschlusses sind dann zwingend falsch was gem. Sec. 302 SOA zu einer zivilrechtlichen und gem. Sec. 906 SOA auch zu einer strafrechtlichen Haftung führen kann.

Neben dem SOA könnte der Foreign Corrupt Practices Act (FCPA) von 1977 Einfluss auf die Beurteilung haben.[174] Der FCPA ist ein Bundesgesetz der USA, durchgesetzt von der SEC (Securities and Exchange Commission – US-Börsenaufsicht) sowie dem Justizministerium (Department of Justice – DOJ). Es verbietet Zahlungen und Wertgeschenke an ausländische staatliche Amtsträger, die den Zweck haben, den Zuschlag für ein Geschäft zu bekommen oder eine Geschäftsbeziehung aufrechtzuerhalten.

Dieses Gesetz ist an alle Unternehmen, die an der US-Börse notiert sind, sowie an alle in den USA tätigen Unternehmen, an Beschäftigte solcher Unternehmen sowie an Privatleute gerichtet. Es geht daher deutlich über den Anwendungsbereich des SOA hinaus und ist unter Umständen auch für deutsche Unternehmen und deutsche Beschäftigte relevant.[175]

Um nun nicht den Eindruck entstehen zu lassen, dass der FCPA auch nicht-amerikanische Unternehmen oder Mitarbeiter ohne jegliche Begrenzung betrifft, folgt hier als Exkurs eine kurze Darstellung des FCPA.

Das Gesetz legt fünf Bedingungen fest, die erfüllt sein müssen, damit es greift:

- Persönlicher Anwendungsbereich: Der FCPA gilt für Privatpersonen, Unternehmen, Beamte, Führungskräfte, Angestellte, vom Unternehmen beauftragte Mittelspersonen und jeden Anteilseigner, der für das Unternehmen handelt.
- Bestechungsabsicht des Bestechenden: Die Person, die die Zahlung durchführt oder veranlasst, muss dies mit dem Ziel tun, den Empfänger dazu zu bringen, seine offizielle Stellung zu missbrauchen um dem Zahler den Zuschlag für ein Geschäft zu verschaffen.

174 Congress of the United States of America, Foreign Corrupt Practices Act of 1977, as amended, („FCPA“).as amended, (\\uc0\\u8222{}FCPA\\uc0\\u8220{}

175 Stanitzek, *Die Bedeutung von Criminal Compliance für das Strafrecht bei der Bekämpfung von Wirtschaftskorruption*, 42; Congress of the United States of America, Foreign Corrupt Practices Act of 1977, as amended, („FCPA“).as amended, (\\uc0\\u8222{}FCPA\\uc0\\u8220{}

- Zahlung: Das Gesetz umfasst Zahlungen oder andere Leistungen, das Angebot von Zahlungen und das Versprechen, ein solches Angebot zu machen.
- Empfänger der Zahlung: Das Verbot erstreckt sich ausschließlich auf Schmiergeldzahlungen an ausländische Amtsträger, eine ausländische politische Partei, einen Parteivertreter oder einen Kandidaten für ein politisches Amt im Ausland.
- Geschäftszweck: Das Gesetz verbietet Zahlungen, die darauf abzielen, einem Unternehmen / einer Person einen Geschäftsabschluss zu verschaffen, Geschäftsbeziehungen zu verlängern oder ein Geschäft weiterzugeben. Es umfasst auch Geschäfte mit nichtstaatlichen Organisationen, Unternehmen und Privatpersonen.

Dadurch, dass gemäß des FCPA ein Vorgehen der amerikanischen Strafverfolgungsbehörden gegen die jeweiligen Unternehmen möglich ist (unabhängig von ihrem Sitz, denn es kommt ja wie bereits gesagt lediglich auf die Notierung an der US-Börse an), entsteht auch für deutsche Unternehmen, die an der US-amerikanischen Börse gelistet sind, der Anreiz zu einer funktionierenden Korruptionsbekämpfung.[176]

Auch hierauf wird im Einzelnen nicht eingegangen, da die Relevanz gering sein dürfte.

Der *UK Bribery Act 2010*[177] trat am 01.07.2011 als Gesetz zur Korruptionsbekämpfung in Kraft und könnte hier relevant sein. Die Besonderheit dieses Gesetzes besteht nämlich darin, dass es einen weltweiten Anwendungsbereich hat und sowohl natürliche Personen als auch Unternehmen sanktioniert werden können.[178]

Der UK Bribery Act 2010 regelt Fälle von aktiver sowie passiver Bestechung. Auch für deutsche Unternehmen kann der UK Bribery Act einschlägig sein, wenn das Unternehmen Geschäfte in Großbritannien macht, oder ein Nexus zu Großbritannien besteht.

---

176 Stanitzek, *Die Bedeutung von Criminal Compliance für das Strafrecht bei der Bekämpfung von Wirtschaftskorruption*, 43.

177 United Kingdom, Bribery Act 2010.

178 Stanitzek, *Die Bedeutung von Criminal Compliance für das Strafrecht bei der Bekämpfung von Wirtschaftskorruption*, 43, 44.

Die Einzelheiten des UK Bribery Act sollen hier nicht besprochen werden, jedoch sei auf jene Details hingewiesen, welche der Regelungen zur Korruptionsbekämpfung vorsehen. Insbesondere in Section 7 des Bribery Act wird eine Strafbarkeit für die Nicht-Verhinderung einer Bestechung eingeführt – selbstverständlich lediglich bei Vorliegen auch der übrigen Voraussetzungen. Es wird hier jedoch nicht das Nicht-Vorliegen eines Compliance-Systems unter Strafe gestellt, sondern es bleibt bei der Strafbarkeit der Tat (bzw. des Unterlassens) selbst.[179]

Aus dem UK Bribery Act 2010 lässt sich somit keine Rechtspflicht zur Einrichtung eines Compliance-Systems ableiten. Die Strafbarkeitsrelevanz bei Verstoß gegen das Gesetz ist allerdings für Geschenke und Einladungen im Zusammenhang mit Fußballspielen gegeben, wenn ein entsprechender Nexus zu UK besteht und strafbare Bestechungshandlungen erfolgen.

Details werden insoweit nicht besprochen, eine Relevanz liegt aber dennoch vor.

6.4 Faktische Pflicht zu Compliance

Zusammenfassend kann konstatiert werden, dass eine Rechtspflicht für Compliance lediglich dann bestehen könnte, wenn das bloße Unterlassen von Compliance bereits strafrechtliche Folgen für die Gesellschaften hätte.

Für einige Branchen (Banken, Versicherungen, regulierte sowie an der Börse gelistete Unternehmen) gibt es verbindliche Regelungen, die eine Rechtspflicht zu Compliance begründen. Eine allgemein gültige Rechtspflicht zu Compliance gibt es aber nicht.[180]

Das Interesse an Haftungsvermeidung und den Bestandsschutz des Unternehmens sowie ein genereller Wunsch nach Schadensvermeidung sind aber Gründe genug, vorbeugende Organisationsmaßnahmen ein-

179 United Kingdom, Bribery Act 2010, Section 7.

180 Stanitzek, *Die Bedeutung von Criminal Compliance für das Strafrecht bei der Bekämpfung von Wirtschaftskorruption*, 44.

zurichten, die Wirtschaftskorruption und andere Gefahren, insbesondere auch Reputationsschäden abwehren und verhindern.[181]

Der Ruf eines Unternehmens kann schnell geschädigt sein und irreparablen Schaden nehmen. Hieraus ergibt sich zwar keine rechtliche Pflicht zu Compliance. Jedoch kann eine faktische Pflicht zur Schaffung eines Compliance-Systems gesehen werden.

181 Ebd., 45; Ax, Schneider, und Scheffen, *Rechtshandbuch Korruptionsbekämpfung*, 136 f.; Pfefferle und Pfefferle, Korruption im geschäftlichen Verkehr, Kap. 5, A.

7 Compliance für Fußballvereine

Wie sieht es nun mit Compliance für Fußballvereine aus? Lässt sich auch für Fußballvereine eine faktische Pflicht zu Compliance herleiten oder kann sich ein Fußballverein gar von diesen Regelungen ausnehmen?

Diese Frage kann eindeutig mit dem unter Juristen so gebräuchlichen Satz „Das kommt darauf an“ beantwortet werden – aber worauf?

Letztlich kommt es darauf an, ob es gesetzliche Regelungen oder ableitbare Verpflichtungen gibt, die auch für Fußballvereine eine Compliance-Abteilung notwendig machen.

Im Fußballgeschäft gilt prinzipiell dasselbe wie das oben gesagte in Bezug auf Unternehmen – und zwar nicht allein wegen des „Fair Play“-Gedankens, der den zentralen Wert des Sports verkörpert und der eng mit der positiven Wahrnehmung von Sport im Allgemeinen verknüpft ist.[182]

7.1 Profi-Fußballvereine

Es stellt sich allerdings die Frage, ob dies für alle Fußballvereine gilt.

Bei näherer Betrachtung kann dies zumindest für Profi-Fußballvereine nicht gänzlich von der Hand gewiesen werden. Jene verfügen über eine große Bekanntheit in der Öffentlichkeit und stellen mittlerweile einen großen und ernst zu nehmenden Wirtschaftsfaktor in Deutschland dar.[183] Allein die Umsätze der Marketing-Artikel der größten deutschen Profivereine dürften enorm sein.

Beispielhaft sei dies am Verein FC Bayern München dargestellt. Der Gesamtkonzern (FC Bayern München AG) machte zwischen dem 1. Juli

182 Wettstein und Passarge, „Fußball und Compliance – Eine Geschichte von Missverständnissen?“, 221.

183 Ebd., 221, 222.

2015 und dem 30. Juni 2016 insgesamt 626,8 Millionen Euro Umsatz und 33 Millionen Euro Gewinn.[184]

Bei den Einnahmen waren die deutlich gestiegenen Erträge aus Sponsoring und Vermarktung (169,8 Millionen Euro im Vergleich zu 113,9 Millionen Euro 2014/15) erstmals größer als jene aus dem Spielbetrieb (166,0/137,6). Teils deutlich stiegen auch die Erträge aus der TV- und Hörfunkvermarktung (83,4/58,3) sowie aus dem Merchandising (108,2/101,7).

Dies zeigt deutlich, welch große Geldmengen im Profifußball eine Rolle spielen und welche Bedeutung die Branche für unseren Wirtschaftskreislauf hat. Zudem sorgte allein in Deutschland der Profifußball im Jahr 2015 für mehr als 110 000 Vollzeitstellen.[185]

Profi-Fußballvereine sollten daher namhaften Verbänden wie dem IOC und dem DOSB folgen, die sich interne Compliance-Strukturen gegeben haben.[186]

Auch die FIFA[187] hat ein Ethik-Reglement verabschiedet, welches einige Regelungen mit Bezug auf Compliance beinhaltet. Die Ausarbeitung und Weiterentwicklung eines Reformprogramms ist ebenfalls in Bearbeitung.[188]

Compliance ist gerade für Bundesligavereine von Dringlichkeit, denn in der Fußballbundesliga schreitet die wirtschaftliche Entwicklung immer weiter voran.

Bei der Struktur der Bundesligavereine geht die Tendenz dahin, sich vom traditionellen Vereinskonzept zu trennen und andere Rechtsformen zu wählen. Mittlerweile haben viele Vereine Rechtsformen gewählt,

184 Bericht zur Jahreshauptversammlung der Bayern München AG vom 25.11.2016.

185 Wettstein und Passarge, „Fußball und Compliance – Eine Geschichte von Missverständnissen?", 221, 222 mit einem Hinweis auf eine Studie von McKinsey & Company, Wachstumsmotor Bundesliga, 2015. McKinsey, „Mckinsey_wachstumsmotor_bundesliga.pdf", 10.

186 Hugger, „S20-Leitfaden „Hospitality und Strafrecht"", 66 mit kritischer Würdigung des Autors zur Darstellung der Sozialadäquanz innerhalb des S20-Leitfadens; Dr. Holger Blask (DFL) und Dr. Friedrich Curtius (DFB), „DFB Broschüre-Hospitality"; S20 – The Sponsor's Voice, „Hospitality_Strafrecht_Leitfaden_s20.pdf".

187 FIFA, „FIFA Ethikreglement".

188 Szeny und Menke, „Compliance im Fußball", 3.

die in der freien Wirtschaft bekannt und bewährt sind. So haben z. B. Fußballklubs wie Borussia Dortmund, Bayern München oder Bayer 04 Leverkusen diesen Weg bereits beschritten.

Seit November 1999 z. B. sind die Lizenzspielerabteilung von Borussia Dortmund, die zweite Mannschaft und die A-Jugend in die börsennotierte Borussia Dortmund GmbH & Co. Kommanditgesellschaft auf Aktien ausgelagert, die seit dem 23. Juni 2014 im SDAX gelistet ist.[189]

Borussia Dortmund unterliegt daher den Pflichten einer börsennotierten Gesellschaft und hat dementsprechend eine Corporate Governance eingerichtet, sich dem DCGK verpflichtet und die notwendige Entsprechenserklärung sowie die Erklärung zur Unternehmensführung abgegeben, und auf der Homepage des Klubs publiziert.

Auch viele andere Profi-Fußballvereine haben den Titel „e. V." abgelegt. Die Vereinsstruktur im herkömmlichen Sinne ist für diese Profi-Fußballvereine mit den Lizenzspieler-Abteilungen längst nicht mehr aktuell.

Die HSV Fußball AG (HSV – Hamburger Sportverein) hat bereits im Jahr 2014 einen Compliance Officer eingestellt. Dieser hat bereits ein umfängliches Compliance-Management-System für den Traditionsverein etabliert.[190]

Die Struktur des eingetragenen Vereins wird somit zunehmend abgelöst durch in der Wirtschaft etablierte Rechtsformen wie die GmbH, GmbH & Co. KGaA oder die AG.

189 Borussia Dortmund GmbH & Co. KGaA, „Corporate Governance / Corporate Governance / BVB Aktie".

190 Wettstein und Passarge, „Fußball und Compliance – Eine Geschichte von Missverständnissen?", 221 ff.

7.2 Profi-Fußballvereine als e. V.

Doch diese Wahl der Rechtsform ist nicht die Regel. Am Beispiel der Fußballclubs Gelsenkirchen-Schalke 04 e. V., allgemein bekannt als FC Schalke 04, des Sport-Clubs Freiburg e. V. oder auch Mainz 05 e.V. lässt sich erkennen, dass auch Fußballclubs der 1. Bundesliga noch als e. V. den aktiven Spielbetrieb aufrechterhalten.

Diese Vereine unterliegen als eingetragene Vereine gerade nicht den strengen Regeln einer börsennotierten Gesellschaft.

Fraglich ist, ob dies ggf. Nachteile für den Verein mit sich bringt, da insbesondere die Anforderungen an den Verein und die Vereinsführung die spiegelbildlich gleichen Anforderungen sind, die auch an andere Vereine wie z. B. die HSV AG herangetragen werden.

Schließlich müssen auch Schalke 04, der SC Freiburg oder Mainz 05 diese Anforderungen im Rahmen der laufenden Ligasaison erfüllen.

7.3 Pflichten der Profi-Fußballvereine

Es ist daher zu betrachten, welche Pflichten für Profi-Fußballvereine bestehen und welchen Anforderungen sich die Fußballclubs stellen müssen.

Zu beachten ist in diesem Zusammenhang für die Vereine, dass mit der Umwandlung des Vereins in ein Wirtschaftsunternehmen auch unternehmerische Philosophien, Regelungen und vor allem entsprechende unternehmerische Pflichten entstehen.

Über den normalen Sportbetrieb hinaus müssen dann vielschichtige Bereiche beachtet und professionell bearbeitet werden.

Im Rahmen von Sponsorenverträgen fließen oft große Geldbeträge. Arbeitsverträge müssen rechtsfehlerfrei geschlossen und auch beendet werden. Steuern, Marken- und Lizenzrechte müssen beachtet, Bewirtungen der Stadionbesucher, etwaige Verträge rund um die Spielstätten, Werbung, Sponsoring und weitere diverse und sehr unterschiedliche Themen müssen verantwortlich abgearbeitet werden.

Darüber hinaus sei darauf hingewiesen, dass sich jetzige und vor allem potentielle Geschäftspartner genauestens anschauen, mit wem sie Geschäfte machen – Stichwort: „third party due diligence".[191]

Für viele Geschäftspartner ist es mittlerweile unabdingbar, Angaben zu Compliance-Maßnahmen zu erhalten, bevor sie mit dem Fußballclub Verträge schließen (können). Viele Geschäftspartner sind ihrerseits reguliert, z. B. weil sie selbst börsennotiert sind oder einem noch stärker regulierten Umfeld angehören wie z. B. Banken, Finanzdienstleistungsunternehmen oder Versicherungen.

Wer schon einmal einen Compliance-Fragebogen für Vertragspartner eines börsennotierten Unternehmens auszufüllen hatte, weiß, wovon hier die Rede ist.[192]

Die Pflichten einer solchen börsennotierten Fußball AG treffen Vereine, die noch als e. V. organisiert sind auf den ersten Blick nicht, jedoch müssen die Aufgaben der Vereinsführung ebenfalls bewältigt werden. Es geht insoweit auch um den Ausschluss persönlicher Haftung von Vereinsführung und jeglichen verantwortlichen Personen.

7.4 Risiken im Profi-Fußball

Fraglich ist, welche Risiken für Fußballvereine im Rahmen des Spielbetriebs und der Vereins-/Unternehmensführung überhaupt bestehen und ob diese Risiken die Einrichtung vom Compliance-Maßnahmen rechtfertigen.

Wer wirkungsvoll Prävention betreiben will, muss wissen, welchen Risiken er ausgesetzt ist.[193] Bei der Sicherung der Regeltreue geht es vor allem um die Prävention von jeglichen entstehenden Risiken, aber auch um den Ausschluss von persönlicher und/oder unternehmerischer Haftung.[194]

191 Szeny und Menke, „Compliance im Fußball", 3.

192 Ebd., 3.

193 Schenk, „Compliance im Sport", 5.

194 Szeny und Menke, „Compliance im Fußball", 4.

Die Größe eines Risikos richtet sich immer nach der Eintrittswahrscheinlichkeit und der Höhe des voraussichtlichen Schadens. Die potentiellen Risiken können im Rahmen einer Analyse mit Hilfe einer Risikomatrix klassifiziert werden.

Folgen der Risiken

Schwer	3	6	9
Mittel	2	4	6
Gering	1	2	3
	Selten	Gelegentlich	Häufig

Eintrittswahrscheinlichkeit

Abbildung 3: Beispiel einer Risikomatrix

Anhand einer solchen Risikomatrix können Vereine je nach Größe und sonstigen Besonderheiten die für sie relevanten Risiken evaluieren und anhand der Gewichtung notwendige Maßnahmen bestimmen.

Für Fußballvereine ist es von großer Wichtigkeit, dass der gute Ruf eines Vereins gewahrt wird. Schließlich verdienen gerade die Bundesligavereine mit ihrer „Marke“ und dem Verkauf der entsprechenden Vereinsprodukte sehr viel Geld. Die Vorbildfunktion eines Vereins darf dabei nicht vergessen werden, denn gerade Fans wollen zu ihrem Verein aufblicken.

Dies hat der FC Bayern München mit seinem Vorstandsvorsitzenden Uli Hoeneß schmerzlich erfahren, als die Presse und Öffentlichkeit sich über Monate mit dessen Steuerstrafverfahren beschäftigt hatte.[195] Auch kamen Gerüchte über eventuelle Zusammenhänge zum FC Bayern München selbst auf. Solche Gerüchte können bereits den Ruf eines Vereins nachhaltig schädigen. Bei den Überlegungen, ob gegen ein erkanntes Risiko etwas unternommen werden sollte oder nicht sollten daher auch Gründe der Reputation einfließen. Gerade bei Einladungen und Geschenken im Zusammenhang mit Fußballspielen spielt die Reputation eine wichtige Rolle.

Aus diesen Gründen sollten auch Fußballclubs eine Compliance-Abteilung einführen. Dies hat wie bereits erwähnt der Hamburger Sport Verein (HSV) Ende 2014 getan und einen hauptamtlichen Chief Compliance Officer benannt.

Fraglich ist nun, was konkret die Aufgaben des Compliance Officers im Fußballclub zur Abwendung der gefundenen Risiken sein können. Unter anderem sind die Überwachung der Regeltreue in einem Fußballclub und auch weitere Aufgaben zu nennen.[196]

Dies können z. B. sein:

- die besondere Prüfung aller Äußerungen des Fußballclubs nach außen. Aufgrund der starken Wahrnehmung in der Öffentlichkeit können ansonsten Reputationsschäden entstehen,
- die Schulung und Aufklärung der beschäftigten professionellen Fußballspieler und aller Mitarbeiter des Clubs über die Regelungen und Risiken hinsichtlich Fußballwetten, Spielmanipulation und Einladungen,
- Aufklärung der Fußballspieler und Trainer über das Verbot des Dopings,
- Aufklärung und Aktionen zur Anti-Diskriminierung. Der Club hat eine Vorbildfunktion, die zur Schaffung einer guten Reputation genutzt werden kann,
- Gespräche mit Fans über Risiken für den Verein und Kriminalität im Fußball,

195 Frankfurter Allgemeine Zeitung und Ashelm, „Hoeneß und die offenen Fragen".

196 Szeny und Menke, „Compliance im Fußball", 5; Wettstein und Passarge, „Fußball und Compliance – Eine Geschichte von Missverständnissen?", 221, 223.

- die Überprüfung von Verträgen und Registern sowie die Einhaltung von arbeitsrechtlichen und steuerrechtlichen Regelungen und der Schutz von Betriebsgeheimnissen jeder Art,
- Einhaltung der Regeln zur Vergabe von Tickets und Vorteilskarten, z. B. für Mitarbeiter und Angehörige der Fußballspieler,
- das Management von potentiellen Interessenkonflikten,
- die Überprüfung der Einladungspraxis durch Vereine und ihre Geschäftspartner zu Fußballspielen in Business- oder V. I. P.-Logen (insbesondere Behördenvertreter und Sponsoren).

Diese Aufzählung ist nicht abschließend, da immer auch weitere Betätigungsfelder der Fußballclubs hinzukommen. Jegliche Entscheidungsprozesse der Vereinsführung und des Wettkampfsports können typische präventive und überwachende Tätigkeitsfelder des Compliance Officers in einem Fußballclub sein.

7.5 Pflicht der Profi-Fußballvereine als e. V.

Fraglich ist, ob sich die Pflichten eines Profi-Fußballvereins, der in einer wirtschaftlichen Rechtsform wie z. B. einer GmbH, KGaA, AG o. ä. organisiert ist, auf Profi-Fußballvereine übertragen lassen, die als eingetragene Vereine agieren.

Weiterhin stellt sich die Frage, ob solche Pflichten ggf. auch für Fußballvereine in der Rechtsform des e. V. gelten, die keine Profi Fußballvereine sind.

Bezüglich der Beurteilung der Notwendigkeit einer eventuellen Übertragung der Pflichten sei auf die bereits beschriebenen Risiken für Fußballvereine hingewiesen.

Ausweislich dieser Risiken kann davon ausgegangen werden, dass aus rein pragmatischer Sicht die Übertragung der Pflichten auch auf eingetragene Vereine sinnvoll wäre. Es stellt sich allerdings die Frage, ob und wie eine solche Übertragbarkeit vorgenommen werden kann. Hier könnte die Übertragbarkeit der Neubürger-Rechtsprechung auf Vereine Anwendung finden.[197]

Es besteht insoweit Einigkeit, dass die in dieser Entscheidung dargestellten Ausführungen auf eine GmbH übertragbar sind. In Bezug auf Vereine findet sich jedoch bislang noch keine umfassende Literatur oder Rechtsprechung, die ohne weiteres eine Übertragbarkeit dieser Pflichten annimmt.[198]

Als Beispiel soll hier genannt werden, dass zwei bedeutende deutsche Vereine (e. V.) kürzlich Compliance-Funktionen eingerichtet haben und dadurch die gestiegene praktische Bedeutung von Compliance unterstrichen haben. Es handelt sich um den Allgemeinen Deutschen Automobil Club (ADAC) und den Deutschen Fußball Bund (DFB), die sich im ersten Fall (ADAC) im Rahmen ihrer Satzung zu regelkonformem und sozialverantwortlichen Handeln bekennen und im zweiten Fall (DFB) gar ein Compliance Management System (CMS) geschaffen und einen Compliance Officer eingestellt haben.[199]

7.5.1 Wesentliche Aussagen des Neubürger-Urteils mit Blick auf Vereine

Fraglich ist daher, welche Aussagen des Neubürger-Urteils mit Blick auf Vereine von Bedeutung sind.

Resultierend aus der Legalitätspflicht, die alle Vorstandsmitglieder einer Aktiengesellschaft nicht nur zur Einhaltung sämtlicher Vorschriften im Außenverhältnis verpflichtet, sondern auch, „dafür Sorge zu tragen, dass das Unternehmen so organisiert und beaufsichtigt wird, dass keine […] Gesetzesverletzungen stattfinden“, kann weiter eine Pflicht zur „Implementierung eines effizienten Compliance-Systems und der

197 Larisch und Hesberg, „Vorstandspflichten und Compliance-Anforderungen im eingetragenen Verein“, 17.

198 Ebd.; Zustimmend mit einer Besprechung zum Wirtschaftsverband, Brouwer, „Compliance im Wirtschaftsverband“, 161 ff.

199 Larisch und Hesberg, „Vorstandspflichten und Compliance-Anforderungen im eingetragenen Verein“, 17.

Überprüfung von dessen Wirksamkeit“ entstehen (sog. Legalitätskontrollpflicht).[200]

Ein weiterer Punkt, resultierend aus der Entscheidung des LG München I ist, dass die Vorstandsmitglieder den ggf. durch ein Compliance-System zutage gebrachten Verdachtsmomenten nachgehen müssen. Es besteht folglich eine Pflicht zur „Aufklärung, Abstellung und Ahndung“.[201]

Mit Blick auf die Frage, „ob“ überhaupt ein Compliance Management System eingerichtet werden muss bestand bislang in der Literatur Einigkeit darüber, dass es sich dabei um eine gebundene Entscheidung handeln sollte.[202] Bei entsprechender Gefährdungslage muss der Vorstand einer Gesellschaft also ein CMS etablieren.

„Wie“ dann das entsprechende CMS im Einzelfall ausgestaltet werden musste, liegt nach allgemeinem Verständnis im Ermessen des Vorstands.

Dadurch, dass diese Leitungsaufgabe i. S. d. § 76 Abs. 1 AktG in der Gesamtverantwortung des Vorstands liegt, wird in der Literatur diskutiert, ob eine Pflichtendelegation überhaupt möglich ist.[203]

Im Ergebnis dürfte allerdings davon auszugehen sein, dass zumindest grundlegende Entscheidungen über die Einrichtung eines CMS als Kernbereichsaufgabe von Compliance vom Vorstand zu treffen sind und sodann die Organisation auch fortlaufend überwacht werden muss.[204]

Zumindest diese Überwachungspflicht kann vom Vorstand nicht delegiert werden.

---

200 *Neubürger Entscheidung – LG München I, – Az. 5HK O 1387/10, 5HK O 1387/10*; Larisch und Hesberg, „Vorstandspflichten und Compliance-Anforderungen im eingetragenen Verein“, 17, 18.

201 Larisch und Hesberg, „Vorstandspflichten und Compliance-Anforderungen im eingetragenen Verein“, 17, 18 m. w. N.

202 Ebd., 17, 19 m.w.N. Müller, *Kartellrechtscompliance in Deutschland*, 86; Meier-Greve, „Vorstandshaftung wegen mangelhafter Corporate Compliance“, 2555, 2557.

203 Larisch und Hesberg, „Vorstandspflichten und Compliance-Anforderungen im eingetragenen Verein“, 17, 20 m. w. N.

204 Ebd.; Bürkle in Hauschka, Moosmayer, und Lösler, *Corporate Compliance*, § 36 Rn 12, 13.

7.5.2 Faktische Übertragbarkeit des Neubürger-Urteils auf Vereine

Fraglich ist nun, was das oben gesagte tatsächlich für Vereine und speziell für Fußballvereine bedeutet und inwieweit unter Berücksichtigung der Rechtsprechung des LG München I Compliance-Pflichten auch für Vereine gelten können.

Unproblematisch erscheint die Feststellung, dass jeder Verein gem. § 26 Abs. 1, § 40 BGB einen Vorstand haben muss, der diesen nach außen gesetzlich vertritt. Der von der Mitgliederversammlung weisungsabhängige Vorstand muss im Rahmen seiner Vorstandsarbeit stets das Handeln des Vereins und seiner Mitglieder auf die Vereinbarkeit mit den gesetzlichen und satzungsmäßigen Vorgaben prüfen.[205]

Dabei können auch einer oder mehrere Geschäftsführer bestimmt werden, die dann die operative Geschäftsführung ihres jeweiligen Bereiches verantworten.

Große Vereine

Für große Vereine lässt sich zu Recht annehmen, dass der Einfluss der Mitgliederversammlung als eigentlich oberstes Organ des Vereins mit zunehmender Größe und Komplexität abnimmt und der Vereinsvorstand hierdurch zunehmend an Gewicht gewinnt. Für entsprechend große Vereine lässt sich dadurch eine Parallele zu Aktiengesellschaften ziehen.[206]

Dies trifft im Ergebnis auch auf die Organpflichten eines entsprechend großen Vereins zu. Zwar finden sich zu den Pflichten der Leitungsorgane eines Vereins keine speziellen vereinsrechtlichen Regelungen.

Jedoch kann für große Vereine als Anknüpfungspunkt die oft erhebliche wirtschaftliche Aktivität herangezogen werden, um eine Parallele zu den aktienrechtlichen Regelungen der §§ 93 Abs. 1 S. 1 und 2, 116 S. 1 AktG zu ziehen.[207]

Hieraus ergibt sich, dass den Vorstand eines entsprechend großen Vereins oder auch Verbandes die Legalitätspflicht und die Legalitäts-

205 Arnold in Säcker u. a., *MüKo zum BGB*, § 27 Rn 40.

206 Larisch und Hesberg, „Vorstandspflichten und Compliance-Anforderungen im eingetragenen Verein“, 17, 21.

207 Ebd. m. w. N. Reichert in Reichert, Schimke, und Dauernheim, Handbuch Vereins- und Verbandsrecht, Rn 3676 ff.

kontrollpflicht treffen.[208] Der Vorstand hat dabei die Sorgfalt eines ordentlichen und gewissenhaften Geschäftsleiters anzuwenden und die Interessen des Vereins bestmöglich zu wahren.[209]

Auch aus § 130 Abs. 1 OWiG wird die Pflicht zur Bestellung, sorgfältigen Auswahl und Überwachung von Aufsichtspersonen abgeleitet.[210]

Grundsätzlich würden die hieraus resultierenden Compliance-Pflichten jeden Verein unabhängig von dessen Größe und Organisationsstruktur treffen. Hierbei ist jedoch zwischen der generellen Leitungsverantwortung zu unterscheiden, die jeden Vereinsvorstand trifft, und der Pflicht zur Einrichtung eines CMS.

In Bezug auf die Einrichtung eines CMS ist diese Verpflichtung im Hinblick auf die Professionalität und wirtschaftliche Ausrichtung des Vereins sowie Faktoren wie Größe, Umsatz und Organisationsstruktur, Branche, geografische Präsenz und Vorliegen von Verdachtsfällen oder Compliance-Verstößen in der Vergangenheit zu bestimmen.[211]

Überträgt man diese Annahmen auf Fußballvereine der 1. Fußball-Bundesliga kommt man zu dem Schluss, dass gerade die oben genannten Faktoren wie Größe, Umsatz, Branche und wirtschaftliche Bedeutung der Bundesligavereine in Deutschland die Voraussetzungen zur Einrichtung von Compliance-Maßnahmen erfüllen.

Im Ergebnis treffen daher wirtschaftlich große Vereine und Verbände in Anlehnung an §§ 93 Abs. 1 S. 1 und 2, 116 S. 1 AktG in analoger Anwendung entsprechend ihrer Größe etc. Compliance-Pflichten.

Die jeweilige Ausgestaltung und die Details des CMS fallen selbstverständlich in die Leitungsaufgabe des jeweiligen Vereinsvorstands.

208 Reichert in Reichert, Schimke, und Dauernheim, *Handbuch Vereins- und Verbandsrecht*, Rn 3680; Larisch und Hesberg, „Vorstandspflichten und Compliance-Anforderungen im eingetragenen Verein", 17, 21; Brouwer, „Compliance im Wirtschaftsverband", 161, 167.

209 Arnold in Säcker u. a., *MüKo zum BGB*, § 27 Rn 41 ff.

210 Larisch und Hesberg, „Vorstandspflichten und Compliance-Anforderungen im eingetragenen Verein", 17, 21.

211 Ebd.

Kleine Vereine

Fraglich ist, ob und inwieweit die oben gemachten Ausführungen zu großen Vereinen und Verbänden auch für kleine Vereine anwendbar sind.

Für mittlere, kleinere und insbesondere auch gemeinnützige Vereine dürfte eher eine differenzierte Betrachtung angewendet werden. Denn meist verfügen solche Vereine nicht über die finanziellen Mittel (und oft auf nicht die personellen und fachlichen Ressourcen), um ein Compliance Management System einzurichten.

Darüber hinaus wird dies in vielen Fällen gerade aufgrund der fehlenden Größe und Komplexität des Vereins auch gar nicht notwendig sein. Hier sollte für jeden konkreten Einzelfall geprüft werden, ob der Verein aufgrund seiner Größe und Organisationsstruktur ohne die Errichtung eines institutionalisierten Compliance Management Systems in der Lage ist, seiner Compliance-Pflicht nachzukommen.[212]

Es könnten Tätigkeitsschwerpunkte des Vereins gebildet werden, die im Rahmen einer ständigen Risikoanalyse und Risikokontrolle überprüft werden. Anhand der Vereinsaktivitäten lassen sich so für jeden Verein ein Risikoprofil und sodann eine Matrix erstellen, an welchen Punkten eine Überwachung notwendig und sinnvoll erscheint. Mit diesen fortlaufenden Überwachungsmaßnahmen sollte es auch kleineren und gemeinnützigen Vereinen, jeweils gemessen an ihren jeweiligen Schwerpunkten, gelingen, ihren Compliance-Pflichten in ausreichendem Maße nachzukommen.

Kleinere und gemeinnützige Vereine, worunter auch die vielen Fußballvereine auf regionaler Ebene zählen, haben daher aufgrund ihrer vergleichsweise kleinen Größe und des angenommenen geringeren wirtschaftlichen Gewichts leidglich geringere Compliance-Pflichten zu erfüllen.

Dennoch sollten sich die Vereinsvorstände von kleineren und gemeinnützigen Vereinen mit den Verantwortlichkeiten auseinandersetzen und stets die Sorgfalt eines ordentlichen und gewissenhaften Geschäftsleiters anwenden. Dies ist auch im Lichte von eventuellen Haftungsrisiken gem. §§ 27 Abs. 3, 664 ff. i. V. m. 280 BGB zu raten.[213]

212 Ebd., 17, 22.
213 Ebd., 17, 24.

7.5.3 Zusammenfassung

Compliance gewinnt für Vereine zunehmend an Bedeutung. Dies gilt in besonderem Maße für wirtschaftlich tätige große Vereine und Verbände wie z. B. die Fußballvereine der 1. Fußball-Bundesliga.

Das Neubürger-Urteil sieht für die Aktiengesellschaft vor, dass den Vorstand auch bei einer Delegation seiner Compliance-Pflicht stets eine Überwachungsfunktion als Residualpflicht trifft. Daher kann ihm stets ein Auswahl- und Überwachungsverschulden vorgeworfen werden, wenn Compliance-Pflichten nicht korrekt oder sogar gar nicht erfüllt werden.

Die Rechtsprechung des LG München I kann insoweit auch auf wirtschaftlich tätige große Vereine und Verbände übertragen werden. Dies gilt allerdings nur unter der Voraussetzung, dass solche Vereine tatsächlich einer Kapitalgesellschaft vergleichbar in erheblichem Maße am Wirtschaftsleben teilnehmen. Weiterhin müssen sie aufgrund ihrer Größe und Professionalisierung einen umfassenden Geschäftsbetrieb und eine entsprechende Geschäftsorganisation aufweisen.[214]

Für kleinere und gemeinnützige Vereine gelten lediglich geringere Compliance-Pflichten, die gemessen an der Größe und dem Tätigkeitsbereich eingerichtet werden können.

7.6 Zwischenfazit zur Compliance-Pflicht für Fußballvereine

Abschließend lässt sich feststellen, dass eine rechtliche Pflicht zu Compliance lediglich für diejenigen Fußballvereine besteht, die auch als regulierte Unternehmen agieren (z. B. Borussia Dortmund oder der HSV –, siehe oben).

Andere Fußballvereine, die in der Rechtsform des eingetragenen Vereins agieren, unterliegen einer solchen Compliance Pflicht zwar nicht durch direkte rechtliche Regelungen. Jedoch kann unter Hinweis auf die diversen und komplexen Risiken während des Spielbetriebs zumindest für große wirtschaftlich tätige Vereine eine analoge Anwendung

214 Ebd., 17, 25.

der in dem Neubürger-Urteil herausgearbeiteten Compliance-Pflichten Anwendung finden.

Je größer und professioneller der Verein auftritt und agiert, umso eher wird man eine Anlehnung an die Regelungen der Kapitalgesellschaften feststellen können.[215] In Ansehung der signifikanten Haftungsrisiken für Verein und Vorstand müssen sodann im Rahmen des wirtschaftlich Möglichen die Compliance-Pflichten eingehalten werden.

Hier ist den Vereinen zu raten, ein für sie passendes Compliance System zu implementieren. Um sodann eine „passgenaue" Lösung für den jeweiligen Verein zu entwerfen, muss dann eine Analyse der spezifischen Compliance-Risiken erfolgen, die mit den Vereinsaktivitäten einhergeht.[216]

Compliance-Pflichten spielen hiernach je nach Größe und Gewicht des Vereins auch für Fußballvereine eine elementare Rolle und sollten in jedem Falle beachtet werden.

7.7 Maßnahmen und Wirkung der Criminal Compliance im Fußball

Es gilt nun herauszuarbeiten, wie und in welchem Maße die Maßnahmen der Criminal Compliance im Fußball und für den Fußball angewendet werden können.

Es herrscht eine gewisse „Normenflut", die die Beteiligten einzuhalten haben, wenn sie sich im Wirtschaftskreislauf rechtskonform verhalten möchten.[217]

Hinzu kommen nicht nur die Pflichten der Unternehmen, Verbände und Vereine selbst, sondern auch die originären Pflichten der Organmitglieder, also der Vorstände und teilweise sogar der nahen Angehörigen der Organmitglieder.[218]

215 Ebd.

216 Brouwer, „Compliance im Wirtschaftsverband", 161 ff.

217 Klaiber, *Die Berücksichtigung von Compliance-Programmen bei den Rechtsfolgen von Kartellverstössen*, 13.

218 Verbot von Insidergeschäften und unrechtmäßiger Offenlegung von Insiderinformationen. Nahe Angehörige von Organmitgliedern z. B. einer börsennotierten AG trifft unter anderem die Pflicht zur Wahrung der Vertraulich-

An dieser Stelle wirken Compliance-Maßnahmen, entweder durch ein etabliertes CMS oder durch anderweitige organisatorische Vorkehrungen. Sie helfen ein Verständnis für rechtskonformes Verhalten aufzubauen und so weit wie möglich sicherzustellen.

Die geplante Zusammenfassung einzelner Compliance-Maßnahmen wird daher als CMS oder Compliance-Organisation bezeichnet.

Criminal Compliance ist als Maßnahmenkatalog zu verstehen, der dazu beiträgt, das rechtmäßige Verhalten des Unternehmens, der Organmitglieder, Mitarbeiter und auch sonstiger dem Unternehmen nahestehender Personen mit Blick auf alle gesetzlichen und unternehmensinternen Gebote und Verbote zu gewährleisten.[219] Dabei soll unrechtmäßiges und/oder gegen unternehmensinterne Richtlinien und Anweisungen verstoßendes Verhalten aufgedeckt, unterbunden und sanktioniert werden.

Grundlegende Erfordernisse für Compliance Maßnahmen

Für den Erfolg von jeglichen Compliance-Maßnahmen oder -Programmen ist es unabhängig von der Art des Unternehmens (reguliertes Unternehmen, Verband oder Verein), unabhängig von der Größe des Unternehmens und auch unabhängig von der geografischen Lage oder anderen Gegebenheiten von wesentlicher Bedeutung, ein Klima der Rechtstreue im Unternehmen zu schaffen.[220]

---

keit Bezug auf Informationen mit Insiderqualität. Dies gilt insbesondere in Bezug auf die Weiterverbreitung von solchen Informationen, die geeignet sind eine Veränderung des Börsenkurses hervorzurufen (Art. 14 MAR). EU, „Verordnung (EU) Nr. 596/2014 des Europäischen Parlaments und des Rates vom 16. April 2014 über Marktmissbrauch (Marktmissbrauchsverordnung) und zur Aufhebung der Richtlinie 2003/6/EG des Europäischen Parlaments und des Rates und der Richtlinien 2003/124/EG, 2003/125/EG und 2004/72/EG der Kommission Text von Bedeutung für den EWR – http://eur-lex.europa.eu/legal-content/DE/TXT/PDF/?uri=CELEX:32014R0596&from=DE“, Artikel 14 MAR; Klaiber, *Die Berücksichtigung von Compliance-Programmen bei den Rechtsfolgen von Kartellverstössen*, 13.

219 Rosinus, *Haftungsvermeidung und -minimierung bei Aufsichtspflichtverletzung und Verbandsgeldbuße durch Compliance in der Praxis*, 45; Schneider, „Compliance als Aufgabe der Unternehmensleitung“, 645, 646.

220 Pape, „Zur Wirksamkeit von Corporate Compliance“, 233 ff.; Klaiber, *Die Be-*

Compliance-Maßnahmen und -Programme können nur dann eine flächendeckende und erfolgreiche Wirkung entfalten, wenn sie von allen Beteiligten beachtet und umgesetzt werden.[221]

Es muss bereits von der Unternehmensführung, egal ob Vorstand einer AG, einer GmbH, eines Verbandes oder eines Vereins, ein entsprechendes Engagement, Verständnis und die Überzeugung für das Compliance-System ausgehen.[222]

Damit die Mitarbeiter und sonstigen betroffenen Personen bei der Erfüllung der diversen Compliance-Anforderungen an einem Strang ziehen, bedarf es der Schaffung eines Grundvertrauens im Unternehmen. Ohne den gemeinsamen Willen, sich rechtskonform zu verhalten kann auch ein klug durchdachtes Compliance-System oder eine passend vorbereitete Compliance-Maßnahme nicht zum Erfolg führen.

Schaffung eines gemeinsamen Wertegefühls

Fraglich ist wie dieses gemeinsame Wertegefühl und der gemeinsame Wille nach Rechtskonformität geschaffen werden können.

Hierbei können ggf. die Funktionen von Compliance – auch für den Fußball – behilflich sein. Es handelt sich bei diesen Funktionen um die Schutz-, Beratungs-, Informations-, Qualitätssicherungs-, Innovations-, Monitoring-, Überwachungs-, und Marketingfunktion.[223]

Dass Regeltreue und Fair Play sich indes nicht von alleine einstellen, wird insbesondere im Sport deutlich. Bei jeder Sportart wird ein/e

rücksichtigung von Compliance-Programmen bei den Rechtsfolgen von Kartellverstössen, 13.

221 Stanitzek, *Die Bedeutung von Criminal Compliance für das Strafrecht bei der Bekämpfung von Wirtschaftskorruption*, 56, 57; Klaiber, *Die Berücksichtigung von Compliance-Programmen bei den Rechtsfolgen von Kartellverstössen*, 14.

222 Pape, „Zur Wirksamkeit von Corporate Compliance“, 233, 235 f.; Klaiber, *Die Berücksichtigung von Compliance-Programmen bei den Rechtsfolgen von Kartellverstössen*, 13; Schenk, „Compliance im Sport“, 4.

223 Rathgeber, *Criminal Compliance*, 86 ff.; Rosinus, *Haftungsvermeidung und -minimierung bei Aufsichtspflichtverletzung und Verbandsgeldbuße durch Compliance in der Praxis*, 46 ff.; Stanitzek, *Die Bedeutung von Criminal Compliance für das Strafrecht bei der Bekämpfung von Wirtschaftskorruption*, 56 ff.; Ax, Schneider, und Scheffen, *Rechtshandbuch Korruptionsbekämpfung*, 36 f.

Schiedsrichter/in benötigt, um die Regeln durchzusetzen und ggf. Sanktionen auszusprechen.

Nichts anderes gilt für Compliance: Sie dient dazu, möglichen Fehlern vorzubeugen und negative Auswirkungen zu verhindern.

Die oben genannten Funktionen von Compliance sind somit auf den Fußball übertragbar. Insbesondere die Beratungs- und Informationsfunktion haben einen hohen Stellenwert, da sie präventiv vor der Verwirklichung von Straftaten und privater oder unternehmerischer Haftung schützen und Reputationsschäden von Unternehmen und Fußballvereinen abwenden können.[224]

7.8 Probleme und Grenzen der Korruptionsbekämpfung im Fußball

Fraglich ist allerdings, welchen Problemen und Grenzen die Korruptionsbekämpfung in Wirtschaftsunternehmen und Fußballvereinen tatsächlich gegenüber steht und welchen Fragen sich die Compliance bei der Korruptionsbekämpfung stellen muss.

Wie soeben dargestellt, hat Compliance viele Aufgaben, wobei für den Fußball wohl die Beratungs- und Informationsfunktion im Vordergrund steht. Gerade bei der Beratung und Information und sodann auch Prävention stößt die Compliance als freiwillig eingerichtete Funktion oft auf Probleme.

Diese Probleme bei der Korruptionsbekämpfung sind durchaus vielfältig und vor allem Kritik an Compliance wird gerne von denjenigen Personen geübt, die kein Interesse an Veränderung haben.

Ein häufiger Kritikpunkt ist der große Kostenfaktor für Unternehmen und Vereine. Diese Kritik kann nicht gänzlich von der Hand gewiesen werden, denn initial muss ein gewisser Geldbetrag in Compliance investiert werden.

---

224 Schenk, „Compliance im Sport", 3; Stanitzek, *Die Bedeutung von Criminal Compliance für das Strafrecht bei der Bekämpfung von Wirtschaftskorruption*, 56 ff.

Zunächst sind da die Personalkosten für diejenigen Personen, die sich kontinuierlich mit Compliance im Unternehmen befassen sollen. Auch wird ein gewisses Budget für Compliance-Aktionen, Werbemittel und vor allem Schulungen benötigt.

Ein weiterer Problempunkt ist das mangelnde Verständnis warum Compliance zur Korruptionsbekämpfung nötig ist. Stimmen werden laut, die dann sagen: „Das hat doch schon immer ohne diese Regeln funktioniert". Mag sein, dass der Fußball in der Vergangenheit auch ohne Compliance-Regeln leben konnte. Allerdings müssen sich diese Personen dann fragen lassen, weshalb es in der Vergangenheit zu den durchaus schwerwiegenden und für den deutschen Fußball peinlichen Korruptionsaffären kommen konnte.

Nach Ansicht der Bearbeiterin steht daher außer Frage, dass Compliance-Regeln notwendig sind, um die Bekämpfung der Korruption sinnvoll und effektiv zu gestalten.

In diesem Zusammenhang muss auch auf die Grenzen der Korruptionsbekämpfung hingewiesen werden. Compliance hat immer das Problem, dass nicht alles und jeder überwacht werden kann (und auch gar nicht soll). Genau darin liegen aber auch die Grenzen.

Die Erwartungshaltung aller Beteiligten muss auf das richtige Maß eingestellt werden. Auch wenn man ein gut etabliertes und gut funktionierendes Compliance-System hat, kann es dennoch zu Fehlverhalten und Verstößen kommen.

Oft stößt man auf mangelnde Akzeptanz bei der Vereinsführung, den Spielern und Fans, und auch diese Umstände müssen in die Planung, Entwicklung und Wirksamkeit von Compliance-Maßnahmen einbezogen werden.

Neue Mitarbeiter und Spieler müssen zudem neu geschult werden, und auch das existierende Personal muss nach einer gewissen Zeit neu trainiert werden. „Steter Tropfen höhlt den Stein" ist dabei eine gute Strategie.

Wichtig ist, eine Vorbildfunktion zu schaffen. Wenn die Vorbildfunktion fehlt, kann eine erfolgreiche Implementierung eines Compliance-Sytems nicht gelingen. Der „Tone from the top", also der Unternehmens- oder Vereinsführung, ist immanent wichtig.

Man muss viel Geduld an den Tag legen, denn eine Veränderung hat noch nie über Nacht stattgefunden. Das Umdenken erfordert Zeit und Verständnis. Eine Compliance-Kultur muss wachsen und sich entwickeln.

Die Akzeptanz für Compliance kann allerdings gesteigert werden, wenn die Beteiligten mit eingebunden und mit einbezogen werden. Wer seine eigenen Gedanken z. B. auf einem Plakat liest, der wird stolz darauf sein, den Gedanken weiter tragen und befolgen.

8 Praxistipps für den Umgang mit Geschenken und Einladungen

Für die Beteiligten von Einladungen und Geschenken im Zusammenhang mit Fußballspielen stellt sich nun die Frage, wie ein strafloses Verhalten im täglichen Umgang praktiziert werden kann. Hierbei ist natürlich auch zu beachten, dass die Tipps verständlich und umsetzbar sein müssen. Komplexe und komplizierte Regelungen werden von den wenigsten Menschen gerne gelesen und sodann auch nicht beachtet.

Der Aufbau eines für den jeweiligen Verein, Verband oder das Unternehmen passenden Compliance-Systems (CMS) kann helfen, Vereine, Verbände oder Unternehmen in die Lage zu versetzen, interne Abläufe und Vorgänge zu verstehen, zu hinterfragen und zu kontrollieren. Hierfür können unabhängige Compliance-Officer eingesetzt, Richtlinien als Verhaltensvorschriften für die Mitarbeitenden aufgestellt, ein Meldesystem für Verstöße eingeführt und diverse Schulungen für die Mitarbeitenden angeboten und durchgeführt werden.[225]

In diesem Zusammenhang soll beispielhaft ein Fußballverein mit einer Compliance-Abteilung ausgestattet werden.

Einrichtung einer Compliance-Abteilung in einem Fußballverein

Die Einrichtung einer Compliance-Abteilung kann auf verschiedene Weise erfolgen. Bestimmte Leitlinien und Rahmenbedingungen sind aber zu beachten.

Zunächst muss zwischen horizontaler und vertikaler Delegation unterschieden werden. Auch während und nach der Einrichtung einer Compliance-Abteilung treffen die handelnden Organe weiterhin die bestehenden Verantwortlichkeiten der Auswahl-, Organisations-, Überwachungs- und Eingriffspflichten, denen sie gerecht werden müssen.

225 Ax, Schneider, und Scheffen, *Rechtshandbuch Korruptionsbekämpfung*, 137 ff.

Die tatsächliche Compliance-Aufgabe wird einem geeigneten Mitarbeiter unterhalb der Vorstands- bzw. Geschäftsführungsebene übertragen.

Die *Position des verantwortlichen Compliance Officers* muss dabei so ausgestaltet sein, dass eine Compliance-Abteilung effektiv geleitet werden kann. Dies setzt 1) eine klare Aufgabentrennung, 2) eine klare Aufgabenzuweisung, 3) eine weitgehende Weisungsfreiheit, 4) die Ausstattung des Compliance Officers mit ausreichenden Kompetenzen und finanziellen Mitteln, 5) eine gesunde Vergütungsstruktur, die frei vom wirtschaftlichen Gesamtergebnis des Unternehmens ist, und 6) funktionierende Berichtslinien voraus.

Inhaltlich sollte die Compliance-Abteilung mehrere Maßnahmen treffen. Kern des Compliance-Management-Systems (CMS) kann 1) das Schulungsprogramm sein. Es verfolgt eine Sensibilisierung der Vereinsführung und aller Spieler anhand von Schulungen und Gesprächen sowie das Einbringen des Fair Play Gedankens. Um die Akzeptanz von Compliance auch im weiteren Umfeld des Vereins zu etablieren, können 2) Fangespräche mit Vertretern der Fanvereinigungen durchgeführt werden, die ihrerseits den Compliance-Gedanken in die Fangruppen tragen. 3) kann eine Helpline und 4) eine Whistle-Blower-Hotline zur Meldung von Krawalltätern und Störenfrieden eingerichtet werden. Hier können sich alle Personen an eine anonyme und vertrauensvolle Stelle wenden, ohne dass die einzelne Person Angst vor Repressionen haben muss. Diese Hotline kann sowohl vereinsintern als auch bei einer unabhängigen externen Stelle, z.B. einem Anwalt, eingerichtet werden. Es ist nicht zu erwarten und auch nicht zumutbar, dass sich eine Person bei einem Krawall oder einer gewalttätigen Auseinandersetzung selbst in Gefahr begibt.

8.1 Umgang auf Ebene der normalen Mitarbeiter

Wie also sollten sich normale Mitarbeiter von Vereinen, Verbänden und Unternehmen verhalten, wenn sie zu einem Fußballspiel eingeladen werden oder ein Geschenk bekommen?

Angestellte und Mitarbeiter sollten zunächst prüfen, ob die Annahme der Einladung gegen firmeninterne Regelungen verstößt, sofern solche Regelungen existieren. Hier ist dann der Preis der Karte relevant. Erscheint dem Mitarbeiter der Preis der Karte bereits selbst zu hoch, sollte er dringend die Genehmigung des Vorgesetzten einholen, bevor die Einladung angenommen wird. Wenn es festgelegte Wertgrenzen gibt, sollten diese eingehalten werden (dazu später unter 8.5).

Um die Einladung transparent zu machen, sollte der Mitarbeiter dies an seinen Vorgesetzten kommunizieren und sodann zu Nachweiszwecken in ein Geschenke und Einladungsverzeichnis eintragen.

8.2 Umgang auf Ebene der Geschäftsführungsmitglieder

Fraglich ist, ob diese Regelungen auch für die Geschäftsführungsmitglieder gelten.

Bei der Beurteilung dieses Punktes kann zunächst festgestellt werden, dass lediglich die Einladung von Angestellten oder Beauftragten des Geschäftsleiters ein strafbares Verhalten darstellen kann.[226] Der Betriebsinhaber, der in seinen Entscheidungen ja stets frei ist, kann daher auch zu hochwertigen Veranstaltungen eingeladen werden.

Allerdings muss beachtet werden, dass es sich hierbei tatsächlich nur um den Inhaber handelt. Geschäftsführer oder andere Mitglieder der Geschäftsleitung sind daher als „Entscheidungsträger" häufig im Fokus, da sie ja gerade die maßgeblichen Entscheidungen eines Unternehmens beeinflussen können. Die nachfolgenden Checklisten sind daher auch für Mitglieder der Geschäftsleitung relevant.

226 Acker und Ehling, „Einladung in die Business-Lounge? – Strafbarkeitsrisiko bei Vergabe oder Annahme von Einladungen im geschäftlichen Verkehr", 2517, 2519.

8.3 Umgang auf Ebene der Amtsträger

Der Umgang auf Ebene der Amtsträger muss immer akkurat sein und genau geprüft werden.

Mit Ausnahme sozialadäquater Leistungen ist nämlich nahezu jede Zuwendung an Amtsträger unzulässig und strafbar. Was gegenüber Amtsträgern als sozialadäquat anzusehen ist, wird maßgeblich durch die internen Richtlinien des Dienstherrn bestimmt, in denen Regelungen zur Annahme von Zuwendungen getroffen werden. Zuwendungen an Amtsträger können nach § 333 Abs. 3, § 331 Abs. 3 StGB zulässig sein, wenn der zuständige Arbeitgeber diese im Voraus (oder auf unverzügliche Anzeige nachträglich) genehmigt. Diese Genehmigung kann durch den Amtsträger selbst eingeholt werden.

Geschenke sowie Einladungen zu Veranstaltungen bedürfen einer vorherigen Abstimmung mit dem Vorgesetzten und Compliance. Hier ist auch zu entscheiden, inwieweit vorsorglich eine vorherige Zustimmung des Dienstherrn des Amtsträgers einzuholen ist.

8.4 Frage nach dem Zeitpunkt der Einladung

Der Zeitpunkt der Einladung kann bei der Beurteilung der Zulässigkeit und des anrüchigen Beigeschmacks eine wichtige Rolle spielen.

Für am Kapitalmarkt tätige und dadurch regulierte Unternehmen gelten diesbezüglich strenge Regeln. Eine Einladung im unmittelbaren Zusammenhang mit einer Transaktion am Kapitalmarkt kann ggf. als unlauter gelten, da angenommen werden kann, dass durch die Einladung eine Beeinflussung einer Partei stattfinden sollte.

Die einzelnen Phasen im Insiderrecht sind die Phasen vor, während und nach einer Transaktion. Bei Vorliegen einer Insiderinformation gem. Art. 7 MAR[227] hat sich in der Praxis daher etabliert, dass eine Ein-

227 Art. 7 Abs. 1 a) MAR Insiderinformation ist eine nicht öffentlich bekannte präzise Informationen, die direkt oder indirekt einen oder mehrere Emittenten oder ein oder mehrere Finanzinstrumente betreffen und die, wenn sie öffentlich bekannt würden, geeignet wären, den Kurs dieser Finanzinstrumen

ladung oder auch die Übergabe eines Geschenkes nicht im unmittelbaren zeitlichen Zusammenhang zu einer Transaktion erfolgen sollte. Ein unmittelbarer zeitlicher Zusammenhang liegt in jedem Falle vor, wenn die Transaktion direkt bevorsteht, wenn sie gerade durchgeführt wird oder gerade erst durchgeführt wurde.

Eine konkrete Anzahl von Tagen, wie lange nach einer Transaktion abgewartet werden muss, kann hier nicht genannt werden. Dies muss anhand des Einzelfalls beurteilt werden. Jedoch sollten vor und nach einer Transaktion mindestens 2 Wochen als sog. Cooling-off Periode verstreichen, bevor Einladungen oder Geschenke vergeben bzw. angenommen werden.

Diese Frist wurde aus der Marktpraxis der regulierten Banken analog übernommen, da dies eine deutliche Zäsur zwischen die Einladung und die Transaktion bringt und eine direkte Beeinflussung nicht mehr angenommen werden kann.

Das bedeutet, dass aus dem regulatorischen Umfeld durchaus eine Übertragung auch auf den Fußball stattfinden kann. Oft finden auch Einladungen an Bankangestellte oder Bankvorstände statt, so dass hier ein direkter Konflikt entstehen könnte.

Aber auch wenn keine Insiderinformationen vorliegen, kommt ein Verein, Unternehmen oder auch die Bank nicht in Erklärungsnot, wenn folgendes beachtet wird.

- Einladungen bei Geschäftsanbahnung (analog Insiderregeln) → nicht erlaubt
- Einladungen zur Kundenpflege (kein Zusammenhang zu Geschäft) → erlaubt

te oder den Kurs damit verbundener derivativer Finanzinstrumente erheblich zu beeinflussen.

8.5 Frage nach Wertgrenzen

Im Zusammenhang mit einer Transaktion oder einem Geschäftsabschluss sind Einladungen und Geschenke problematisch, da sie als Bestechung angesehen werden könnten. Es sollten dann zumindest die üblichen Wertgrenzen eingehalten werden.

Wertgrenzen könnten daher für Einladungen und Geschenke unterteilt und als vorab genehmigungspflichtig durch Vorgesetzte und Compliance eingestuft werden:

Genehmigungspflichtige Einladungen (von einem und an einen Mitarbeiter)

- Einladungen an Amtsträger (Ausnahme: angemessene Bewirtung aus geschäftlichem Anlass, und wenn dies den innerdienstlichen Weisungen des Amtsträgers entspricht),
- Einladungen an Mitarbeiter öffentlich rechtlicher Institute z. B. Landesbanken, Sparkassen, Versicherungen,
- Einladungen an Kunden oder Dritte mit einem Wert von mehr als EUR 50 pro Person (hier können höhere Beträge für Bereichsleiter und Geschäftsleitung vereinbart werden),
- Einladungen an Privatanleger im Wert von mehr als EUR 50.

Genehmigungspflichtige Geschenke

- Geschenke an Amtsträger im Wert von mehr als de minimis Präsente,
- Geschenke an Kunden / Dritte im Wert von mehr als EUR 50 pro Person/ Jahr,
- Geschenke an Privatanleger mit einem Wert von mehr als EUR 50,
- Geschenke an Mitarbeiter des Unternehmens im Wert von mehr als EUR 50.

Nur in begründeten Fällen, in denen eine vorherige Abstimmung nicht möglich ist, kann eine Genehmigung nachträglich eingeholt werden.

Natürlich kann auch Kritik an den hier dargestellten einheitlichen Wertgrenzen geübt werden, denn Wertgrenzen sind nur in einem vergleichbaren Umfeld mit Personen in vergleichbaren beruflichen Stellungen und einem vergleichbaren Werteempfinden auch tatsächlich vergleichbar.

Schwierigkeiten können fixe Wertgrenzen nämlich bereiten, wenn man sie für Zuwendungsempfänger unterschiedlicher Hierarchie- und Gehaltsstufen anwendet.[228] Strafrechtlich relevante Zuwendungen werden mit dem Ziel der „unlauteren Bevorzugung im Wettbewerb" gewährt. Die Zuwendung muss daher geeignet sein, den jeweiligen Empfänger in seiner freien Entscheidungsfindung zu beeinflussen.

Ob, und wie leicht jemand zu beeinflussen ist, ist aber eine individuelle Angelegenheit und wird in den seltensten Fällen für mehrere Personen gleich zu beurteilen sein. Daher sollte sich der Zuwendungsgeber fragen, ob sich die Zuwendung mit Blick auf die persönlichen Verhältnisse des Empfängers noch im Rahmen dessen bewegt, was sich dieser auch privat leisten würde.

Im Falle der Einladung zu einem Fußballspiel müsste man sich also die Frage stellen, ob der Eingeladene die Fußballkarte auch selbst für sich erwerben würde. Kann man diese Frage bejahen, dürfte dies ein guter Indikator dafür sein, dass die Einladung ausgesprochen und angenommen werden darf.

Allerdings ist die Überprüfung der Wertgrenze nur ein Baustein bei der Gesamtprüfung, ob eine Einladung oder ein Geschenk angenommen oder vergeben werden kann.

8.6 Frage nach Sozialadäquanz

Generell erscheint die Frage nach der Sozialadäquanz relevant, da sie ein gewisses Korrektiv darstellt. Mithilfe dieses Konstruktes kann beurteilt werden, ob Leistungen der Höflichkeit und allgemeinen Gefälligkeit entsprechen und daher als sozial üblich, also sozialadäquat gelten. Solche Vorteile fallen dann nämlich nicht mehr in den strafbaren Bereich des § 299 StGB.

228 Marschlich, „Praxis der Compliance-Organisation", 111, 112.

Die Prüfung, ob eine Leistung sozialadäquat ist, muss immer anhand des Einzelfalls beurteilt werden. Hier fließen die bereits genannten Punkte ein, insbesondere aber der Wert des Vorteils und die Person des Empfängers des Vorteils.

Als Praxistipp empfiehlt sich, vor Annahme oder Vergabe einer Einladung die Frage zu stellen, ob der Wert dieser Einladung für gerade diese Person (zu beachten ist hier die gesellschaftliche und berufliche Stellung) geeignet erscheint, diese in unlauterer Weise zu beeinflussen.

Wenn man diese Frage mit einem „nein" beantworten kann, liegt eine Indikation dafür vor, dass sich diese Einladung in einem angemessenen Rahmen bewegt.

Wenn man dann noch die Einladung ohne großes Zögern den jeweiligen Vorgesetzten mitteilen würde, ist dies ebenfalls ein Hinweis auf die Sozialadäquanz.[229]

8.7 Art der Veranstaltung und den mit der Einladung verbundenen Zweck

Aus der Art der Veranstaltung und dem Zweck kann bereits entnommen werden, ob die Einladung zulässig ist, oder doch lieber nicht ausgesprochen bzw. angenommen werden sollte. Produktbezogene oder reine geschäftsbezogene Einladungen wie z. B. das klassische Geschäftsessen sind überwiegend als geschäftsüblich einzustufen und dürften daher unproblematisch sein, wenn auch die Transparenz und Sozialadäquanz eingehalten werden.

Bei Einladungen zu Fußballspielen überwiegt nach allgemeiner Auffassung der Freizeitcharakter der Veranstaltung, weshalb hier genauer geprüft werden muss, ob die Einladung adäquat ist.

Zur allgemeinen Klimapflege, zur Kundenpflege und zu Publicity-Zwecken dürften Einladungen zu Fußballspielen ebenfalls erlaubt sein, soweit ebenfalls Transparenz und Sozialadäquanz eingehalten werden.[230]

229 Acker und Ehling, „Einladung in die Business-Lounge? – Strafbarkeitsrisiko bei Vergabe oder Annahme von Einladungen im geschäftlichen Verkehr", 2517, 2520.

230 Ebd., 2517, 2521.

8.8 Frage nach Art und Weise der Einladung und Transparenz

Die Frage der Transparenz erscheint elementar, um ein Verständnis für die Rechtmäßigkeit von Geschenken und Einladungen zu schaffen.

Jeder Dritte soll verstehen können, warum eine Person eingeladen bzw. beschenkt worden ist. Es ist daher sinnvoll ein Verfahren zu etablieren, wie dies für Dritte nachvollziehbar ist.

In dem Augenblick, wo eine transparente, sozialadäquate und nachvollziehbare Vorgehensweise vorliegt, dürfte kein Problem mehr vorliegen.

Transparenz kann durch Offenlegung und eine entsprechende interne Dokumentation zu Nachweiszwecken geschaffen werden. Auch die Publikation der internen Regelungen unterstützt dabei, Transparenz herbeizuführen.

Einladungen und Geschenke an Kunden oder Dritte haben stets transparent zu erfolgen, d.h. Einladungen oder Geschenke sind grundsätzlich an die Geschäftsanschrift des Empfängers zu adressieren.

Bei höherwertigen Einladungen ist ggf. vom Vorgesetzten oder Compliance Officer des Eingeladenen eine Zustimmung einzuholen. Dies gilt grundsätzlich für genehmigungspflichtige Einladungen. Gem. Ziffer 8.5, also abhängig von der Stellung des Empfängers („Sozialadäquanz“) kann der Wert jedoch auch höher oder niedriger liegen. Zweifelsfälle sind mit dem Vorgesetzten oder Compliance vorab abzustimmen.

Zu Nachweiszwecken kann ein Geschenke- und Einladungsverzeichnis (Gift Log) eingeführt werden, in das alle Mitarbeiter, also auch die Geschäftsleitung, Geschenke und Einladungen eintragen, unabhängig davon ob sie diese erhalten oder vergeben haben.

Solch ein Verzeichnis kann für jeden Mitarbeiter einzeln oder auch für eine Abteilung geführt werden. Eingetragen werden das Datum der Einladung, der Wert der Einladung, Einladender und eingeladene Person sowie die Genehmigung des Vorgesetzten sofern notwendig.

Dies kann den Mitarbeiter und das Unternehmen später in die Lage versetzen nachweisen zu können, dass Einladungen und Geschenke transparent und rechtmäßig behandelt wurden.

8.9 Entwicklung von Checklisten/Flussdiagrammen

Unternehmen, die Geschäftspartner zu einem Fußballspiel einladen möchten, oder auch Angestellte, die eingeladen werden, können sich anhand der folgenden Do's and Dont's davor schützen, nicht in einen Konflikt mit Compliance oder gar dem Strafrecht zu geraten.

Checkliste der Do's and Dont's

	Do's
☐	Sowohl beim Aussprechen als auch beim Annehmen von Fußballtickets prüfen, ob dies nach internen Compliance Richtlinien zulässig ist. Am besten die vorherige Zustimmung einholen.
☐	Unterscheidung zwischen den eingeladenen Geschäftspartnern nach Funktion und Position: Amtsträger, Angestellte, Selbständige
	☐ Amtsträger: siehe unten (Dont's)
	☐ Angestellte: diese müssen immer prüfen, ob die Annahme der Einladung gegen firmeninterne Regelungen verstößt. Hier zählt meist der Preis der Karte.
	☐ Angestellte in höheren Positionen: je mehr ein Manager verdient, umso eher kann er auch in eine Loge eingeladen werden. Dennoch bleibt dies wegen der nicht festen Wertgrenzen immer noch unsicher. Der Ausweg kann dann eine normale Tribünenkarte sein.

	☐ Selbständige und Firmeninhaber: Diese Personen (meist aus dem Mittelstand) können eingeladen werden – wenn sie sich nicht selbst Compliance Regeln gegeben haben.
	Dont's
☐	Erlangung eines Vorteils: Einladungen dürfen nie ausgesprochen werden, um dadurch in unlauterer Weise einen Vorteil oder eine Gegenleistung zu erlangen. Schon der Anschein kann das Unternehmen in Verruf bringen und muss in jedem Fall vermieden werden.
☐	Amtsträger: und sonstige, diesen gleichgestellte Personen gehören nicht auf Einladungslisten für Fußballtickets. Ausnahmen können in seltenen Fällen bestehen und müssen äußerst genau dokumentiert und geprüft werden.
☐	Einladungen von Familienangehörigen: der Wert der gesamten Einladung wird der Hauptperson zugerechnet. Die Gesamtsumme muss sich dann noch im akzeptablen Rahmen bewegen.
☐	Genehmigung der Einladung: Es ist egal ob der Vorgesetzte eine unlautere oder zu teure Einladung genehmigt wenn sich dies völlig außerhalb des zulässigen Rahmens bewegt. Eine kleine Überschreitung der internen Wertgrenze kann vielleicht noch genehmigt werden, jedoch nur in engen Grenzen. Der Schutz des freien Wettbewerbs kann nämlich nicht durch private Genehmigungen übergangen werden.
☐	Transparenz: ist das oberste Gebot! Verschicken Sie die Einladung nie an die private Adresse, sondern in die Firma.

Tabelle 1: Checkliste der do's and dont's

Tipp: Die Einladung zum gemeinsamen Public-Viewing bei einem entsprechenden Großereignis wie einer WM oder EM in den firmeneigenen Räumen mit passender Bewirtung ist unbedenklich und ebenfalls ein schönes Event, welches sogar mit mehreren Personen durchgeführt werden kann.

„Der böse Schein“

Trotz aller nötigen Sorgfalt kann es passieren, dass dennoch ein sogenannter „böser Schein“ entsteht, wenn beispielsweise Konkurrenten auf die Einladungen aufmerksam werden oder gar ein Artikel hierüber in der Presse erscheint.

Aber was können Unternehmen tun, um nicht in die Gefahr eines Reputationsverlustes zu kommen? Hier hilft vor allem gutes Planen und aktive Vermeidung jeglicher Verdachtsmomente. Hier kann die folgende Checkliste helfen.

Checkliste zur Vermeidung des „bösen Scheins"

Kriterien zur Vermeidung von Korruptionsvorwürfen:[231]

•	die Stellung des Eingeladenen in seinem Unternehmen beachten
•	die zeitliche Nähe der Einladung zu maßgeblichen Geschäftsabschlüssen vermeiden und sinnvoll trennen
•	die Art und Weise der Einladung, insbesondere Transparenz schaffen
•	die Beachtung der Sozialadäquanz und Üblichkeit solcher Einladungen
•	die Art der Veranstaltung und den mit der Einladung verbundenen Zweck.

Tabelle 2: Checkliste zur Vermeidung des „bösen Scheins"

Zuwendungs- und Einladungsmanagement – Praxistipps

Vor einem Korruptionsverdacht bei Geschenken schützt ein vernünftiges Zuwendungs- und Einladungsmanagement im Rahmen des Compliance-Management-Systems (CMS). Die Einhaltung folgender Grundregeln in der Praxis ist dabei wichtig:

- keine Bedenken gegen unmittelbar geschäftlich veranlasste Bewirtungen und Essenseinladungen in angemessenen Umfang,
- keine Bedenken gegen Streuwerbeartikel (Give Aways),
- grundsätzlich keine Bedenken gegen Geschenke mit Marktwert bis zu 50 EUR (Orientierungsgröße),
- keine Geschenke oder Einladungen zeitnah vor Vertragsabschlüssen oder Verhandlungen,

231 Ebd., 2517, 2518.

- keine Geschenke oder Einladungen an die Privatadresse oder in sonstiger nicht transparenter Weise,
- niemals Bargeld oder Geldersatz, wie z. B. Schecks, Geschenkgutscheine und
- Einladungen zu Repräsentationszwecken oder mit überwiegendem oder teilweise Unterhaltungsteil nur
  - nach Prüfung der Geschäftsüblichkeit und Angemessenheit,
  - wenn Vertreter des Gastgebers anwesend,
  - wenn die Teilnahme nicht häufig wiederholt wird und
  - wenn die Reise- und Logiskosten nicht vom einladendem Geschäftspartner übernommen werden.

In Zweifelsfällen sollte eine Abstimmung mit dem Compliance-Ansprechpartner erfolgen.

Amtsträger oder vergleichbare Personen
Der Umgang mit Geschenken für Amtsträger ist deutlich schwieriger. Bei Amtsträgern ist bereits das Anbieten oder Zuwenden unerlaubter Vorteile in Zusammenhang mit der Dienstausübung strafbar (Vorteilsgewährung, § 333 StGB).

Die Amtsdelikte – Vorteilsannahme und Gewährung, Bestechung und Bestechlichkeit
Bereits das Fordern, Versprechenlassen und Annehmen solcher Vorteile (Vorteilsannahme, § 331 StGB) ist strafbewährt. Auf die Absicht einer unlauteren Bevorzugung durch pflichtwidriges Verhalten des Amtsträgers kommt es nicht an. Das Strafrecht schützt schon allein das Vertrauen in die fachliche Unabhängigkeit und Neutralität des Amtsträgers bei der Dienstausübung. Soll die Vorteilszuwendung zu einer pflichtwidrigen Bevorzugung verleiten, liegt Bestechlichkeit oder Bestechung vor (§§ 332, 334 StGB). Gleiches gilt, wie oben bereits dargestellt auch für Personen, die Amtsträgern gleichgestellt sind.

Umsetzung in der Praxis
In der Vergangenheit haben diverse staatsanwaltschaftliche Ermittlungsverfahren gegen Amtsträger wegen Einladungen zu Sportveranstaltun-

gen ohne repräsentative Bedeutung stattgefunden. Dies hat gezeigt, dass eine hohe Aufmerksamkeit bezüglich der Rechtmäßigkeit solcher Einladungen besteht.

Der Compliance-Beauftrage darf sich in diesem Zusammenhang nicht darauf verlassen, dass ein Gericht keine strafbare Handlung feststellen wird, sondern muss dafür sorgen, dass sein Verein oder Unternehmen und dessen Mitarbeiter nach Möglichkeit gar nicht in Ermittlungsverfahren hinein geraten.

Daher sollten bei Einladungen oder Zuwendungen an mögliche Amtsträger oder gleichgestellte Personen immer die Compliance-Regeln des Zuwendungsempfängers beachtet werden. „Schmiergeschenke" sind bei Amtsträgern oder gleichgestellten Personen in jedem Fall fehl am Platz. Schon die Formulierung impliziert einen üblen Beigeschmack.

Einladungen und Geschenke an Amtsträger sollten daher nach Möglichkeit nicht über die de minimis Grenze hinausgehen bzw. eindeutig repräsentativen Charakter aufweisen.

Die Darstellung des folgenden Flussdiagramms wurde für die Privatwirtschaft dargestellt. Es könnte aber auch für Amtsträger in angepasster Form herangezogen werden.

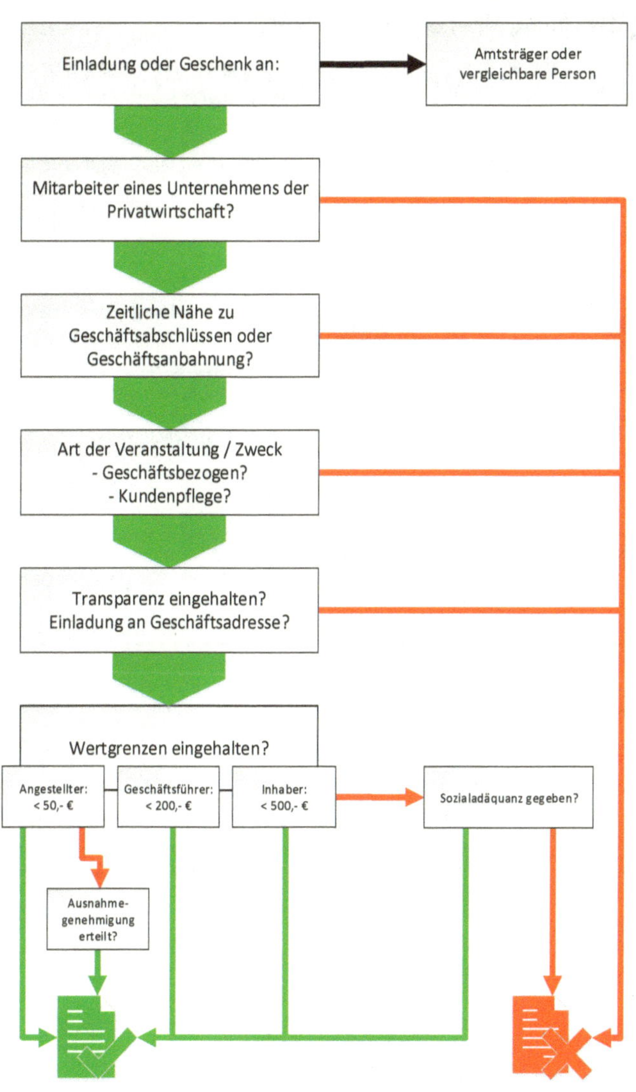

Abbildung 4: Flussdiagramm für die Privatwirtschaft

8.10 Entwicklung einer eigenen Helpcard

Helpcard zur Verhinderung von Bestechung und Korrpution – 1		
Wer?	**Meldet was?**	**an wen?**
Alle Mitarbeiter	Geschenke und Einladungen	Vorgesetzten, Compliance und/oder Personal
Geschenke	**Wert des Geschenks**	**Kann der Mitarbeiter das Geschenk behalten?**
an einen Mitarbeiter	Wert unter 10 €	JA. ABER: kein Bargeld oder Gutscheine
an einen Mitarbeiter	Wert über 10 € (Steuerpflichtig in D) (Steuerpflichtig außerhalb D gesondert betrachten)	Grundsätzlich NEIN.
an die Familie des Mitarbeiters	Wert unter 10 € (wohl ja) Wert über 10 € (je nach Beurteilung)	JA/NEIN ABER: kein Bargeld oder Gutscheine
von einem Amtsträger an einen Mitarbeiter	NIE erlaubt	NEIN
Einladungen und Bewirtungen	**Wert der Einladung/ Bewirtung**	**Kann der Mitarbeiter die Einladung annehmen?**
an einen Mitarbeiter: Einladung MIT vorherrschendem Geschäftscharakter*	üblicher, angemessener Rahmen • 500 € (in UK 500 GBP) für Mitglieder der Geschäftsleitung, • 200 € (in UK 200 GBP) für Bereichsleiter • 100 € (in UK 100 GBP) für Abteilungsleiter und sonstige Mitarbeiter.	Ja, wenn die Betragsgrenzen eingehalten werden.
an einen Mitarbeiter: Einladung OHNE vorherrschenden Geschäftscharakter*	Steuerpflichtig in D: Wert über 10 €	JA, wenn der Einladene die Empfängerbesteuerung vornimmt. (ggf. erfragen)

* hierzu zählen Geschäftsessen im üblichen Rahmen oder das Angebot von Erfrischungen während eines Geschäftstermins; Bewirtung im Rahmen von Seminaren, Konferenzen; Einladungen zu kostenfreien Seminaren, Vorträgen oder Workshops

Genehmigung erforderlich? Wenn ja, durch wen?	Sind Ausnahmen möglich?	Meldung erforderlich? Wenn ja, an wen?
NEIN	nicht erforderlich	NEIN
JA. Durch den Vorgesetzten, ggf. Compliance und Personal.	JA. Falls die Ablehnung unhöflich wäre. Dies ist durch den Vorgesetzten, ggf. Compliance und Personal zu entscheiden.	JA. An Compliance und Personal. (ggf. mittels eines Formulars)
JA. Durch den Vorgesetzten, ggf. Compliance und Personal.	JA. Falls die Ablehnung unhöflich wäre. Dies ist durch den Vorgesetzten, ggf. Compliance und Personal zu entscheiden.	JA. An Compliance und Personal. (ggf. mittels eines Formulars)
–	NEIN	–
Genehmigung erforderlich? Wenn ja, durch wen?	**Sind Ausnahmen möglich?**	**Meldung erforderlich? Wenn ja, an wen?**
keine Genehmigung erforderlich	JA. Zustimmung des für den Bereich zuständigen Geschäftsleiters ist einzuholen. Es muss genau beachetet werden, dass nicht der Anschein von Bestechung oder Korruption entstehen könnte. (Was wäre wenn die Einladung auf der Titelseite einer Zeitung stünde?)	
NEIN, wenn Empfängerbesteuerung vorliegt. JA, wenn Empfängerbesteuerung nicht vorliegt. Genehmigung durch Vorgesetzten.	–	NEIN, wenn Empfängerbesteuerung vorliegt. JA, wenn Empfängerbesteuerung nicht vorliegt. Meldung an Personal wg. Prüfung steuerlicher Abzug.

Helpcard zur Verhinderung von Bestechung und Korrpution – 2		
Geschenke	**Wert des Geschenks**	**Kann der Mitarbeiter das Geschenk übergeben?**
von einem Mitarbeiter	Wert unter 10 €	JA.
von einem Mitarbeiter	Wert über 10 € – 50 €	JA. Wenn es sich in einem angemessenen, üblichen Rahmen bewegt.
an die Familie des Kunden/Beschenkten	Wert unter 10 € Wert über 10 € – 50 €	JA. JA. Wenn es sich in einem angemessenen, üblichen Rahmen bewegt.
von einem Mitarbeiter an einen Amtsträger	NIE erlaubt (Ausnahme Minimalgeschenke z. B. Kugelschreiber, Block)	NEIN
Einladungen und Bewirtungen	**Wert der Einladung / Bewirtung**	**Kann der Mitarbeiter die Einladung aussprechen?**
von einem Mitarbeiter MIT vorherrschendem Geschäftscharakter*	üblicher, angemessener Rahmen • 500 € für Mitglieder der Geschäftsleitung, • 200 € für Bereichsleiter • 100 € für Abteilungsleiter und sonstige Mitarbeiter.	Ja, wenn die Betragsgrenzen eingehalten werden.
von einem Mitarbeiter an einen Amtsträger	De minimis Grenze – bis zu 5 €	JA.

In jedem Fall ist zu beachten, dass keinerlei Leistungen angenommen, angeboten oder gewährt werden dürfen, welche das Unternehmen in Misskredit bringen könnten.

Genehmigung erforderlich? Wenn ja, durch wen?	Sind Ausnahmen möglich?	Meldung erforderlich? Wenn ja, an wen?
NEIN	–	NEIN
NEIN. (Wenn die Betragsgrenzen eingehalten werden.)	JA.	JA. In Zweifelsfällen sprechen Sie mit Ihrem Vorgesetzten und Compliance.
JA. Durch den Vorgesetzten. In Zweifelsfällen durch Compliance.	JA.	JA. In Zweifelsfällen sprechen Sie mit Ihrem Vorgesetzten und Compliance.
–	NEIN	–
Genehmigung erforderlich? Wenn ja, durch wen?	**Sind Ausnahmen möglich?**	**Meldung erforderlich? Wenn ja, an wen?**
NEIN.	JA. Zustimmung des für den Bereich zuständigen Geschäftsleiters ist einzuholen. Es muss genau beachetet werden, dass nicht der Anschein von Bestechung oder Korruption entstehen könnte. (Was wäre wenn die Einladung auf der Titelseite einer Zeitung stünde?)	In Zweifelsfällen sprechen Sie mit Compliance.
JA. Durch den Abteilungsleiter. In Zweifelsfällen Compliance.	Im Rahmen einer In-House-Veranstaltung bei dem Unternehmen dürfen Erfrischungsgetränke und Gebäck gereicht werden.	–

9 Zusammenfassung und Würdigung der Ergebnisse

Dieses letzte Kapitel dient dazu, die eingangs gestellte Forschungsfrage erneut zu zitieren und sie – in Anlehnung an die bis hierhin erarbeiteten Untersuchungen und Argumentationen – zu beantworten.

Die Forschungsfrage lautete also:

> Wo liegt also die Grenze des Zulässigen für Geschenke und Einladungen im Zusammenhang mit Fußballspielen? Wie und inwieweit können Hilfsmittel entwickelt und umgesetzt werden, damit der Umgang mit Geschenken und Einladungen klar und verständlich geregelt werden kann?

An dieser Stelle muss zunächst darauf hingewiesen werden, dass es den „goldenen Weg“ zur Beantwortung dieser Frage nicht gibt und wahrscheinlich in absehbarer Zeit nicht geben wird. Die zu beachtenden Punkte sind sehr differenzierend zu betrachten, und die Beurteilung würde, wenn man sie anhand starrer Regelungen vornimmt, in sehr wenigen Fällen zu einem zufriedenstellenden Ergebnis führen.

Die in dieser Arbeit gewonnen Erkenntnisse, die in den o.g. Checklisten und der Helpcard dargestellt sind, können als Leitplanken fungieren, innerhalb derer ein gewisser Beurteilungsspielraum besteht, der auch Raum für Ausnahmen gibt.

Klare Grenzen indes sind die strafrechtlichen Regelungen von Bestechung und Korruption. Zwar gibt es auch hier Grauzonen, aber eine Beeinflussung einer anderen Person durch ein Geschenk oder eine Einladung zur Erlangung eines bestimmten, unlauteren Zwecks kann nie erlaubt sein.

In Bezug auf Fußballspiele muss zur Beantwortung der Frage der Grenze des Zulässigen auch der Punkt der Sozialadäquanz herangezogen werden.

Wann eine Einladung zu einem Fußballspiel für einen Eingeladenen nicht mehr sozialadäquat ist, hängt mit der Person des Eingeladenen, seiner beruflichen und gesellschaftlichen Stellung und natürlich mit dem Gesamtumfang der Einladung zusammen.

Am Beispiel eines Logeninhabers z. B. bei dem Fußballverein Borussia Dortmund bedeutet dies, dass die Einladung eines Geschäftsleiters eines mittelgroßen Unternehmens zum Hinspiel Dortmund – Barcelona als Einladung mit einem Gegenwert von ca. 500,– EUR noch vertretbar sein dürfte.

Fraglich wäre, ob die Einladung zum Rückspiel Barcelona – Dortmund in Barcelona mit Übernahme der Kosten für den Flug und die Unterbringung noch akzeptabel ist. Hier ist ggf. keine Sozialadäquanz mehr gegeben, weil der Preis für Flug und Unterbringung etc. noch hinzukommt und den preislichen Rahmen übersteigt.

Die Geschäftspartner können durch die Beantwortung der Frage, ob der Geschäftsleiter diese Reise auch selbst buchen würde, einschätzen, ob der Gesamtpreis adäquat sein kann. Wenn der Geschäftsleiter dies nicht privat buchen und bezahlen würde, so spricht einiges dafür, dass die Einladung nicht mehr sozialadäquat ist.

Die Beurteilung der Frage nach den Wertgrenzen kann wahrscheinlich auch strikter beurteilt werden, und vielleicht werden Gerichte in Zukunft klarere Wertgrenzen für bestimmte Gruppen von Personen abstecken.

Derzeit fällt es allerdings schwer, solche klaren Wertgrenzen zu ziehen, da bei der Beurteilung der Rechtmäßigkeit einer Einladung noch die genannten anderen Maßstäbe angelegt werden.

Den Geschäftspartnern, Unternehmen, Vereinen und Verbänden soll mit der Erarbeitung der dargestellten Checklisten ein wenig mehr Sicherheit bei der Beurteilung von Einladungen und Geschenken im Zusammenhang mit Fußballspielen gegeben werden.

Sicherlich wird diese Beurteilung auch in Zukunft komplex und manchmal auch heikel bleiben. Es soll die Beteiligten aber nicht davon abhalten, auch künftig mit Geschäftspartnern und weiteren Beteiligten gemeinsam Fußballspiele oder auch andere Veranstaltungen zu besuchen. Prinzipiell ist dies weder verboten noch macht man sich per se strafbar.

Die praktischen Umsetzungstipps sollen den Beteiligten bei der komplexen Beurteilung behilflich sein und somit auch weiterhin Einladungen und Geschenke ermöglichen.

Abbildungsverzeichnis

Tabellenverzeichnis

Abkürzungsverzeichnis

a. A.	andere Ansicht
a. a. O.	am angegebenen Ort
a. a. S.	an anderer Stelle
Abs.	Absatz
Aufl.	Auflage
BayObLG	Bayerisches Oberstes Landesgericht
BB	Betriebs-Berater (Zeitschrift)
bearb.	Bearbeitete
BFH	Bundesfinanzhof
BGBl.	Bundesgesetzblatt
BGH	Bundesgerichtshof
BGHSt	Entscheidungen des Bundesgerichtshofs in Strafsachen
BJR	Business Judgement Rule
BKA	Bundeskriminalamt
BMF	Bundesministerium der Finanzen
BMJV	Bundesministerium der Justiz und für Verbraucherschutz
BT-Drucks.	Bundestagsdrucksache
Buchst.	Buchstabe
Bzgl.	bezüglich
bzw.	beziehungsweise
CCZ	Corporate Compliance Zeitschrift
CMS	Compliance Management System
DCGK	Deutscher Corporate Governance Kodex
DFB	Deutscher Fußball-Bund
DFL	Deutsche Fußball Liga GmbH
d. h.	das heißt
DOSB	Deutscher Olympischer Sportbund
Ebd.	Ebenda
EnBW	Energiekonzern Energie Baden-Württemberg
EU	Europäische Union
EStG	Einkommensteuergesetz
etc.	et cetera

f.	folgend
ff.	folgende
FIFA	Fédération Internationale de Football Association
gem.	gemäß
ggf.	gegebenenfalls
GmbH	Gesellschaft mit beschränkter Haftung
GRUR	Gewerblicher Rechtschutz und Urheberrecht (Zeitschrift)
HGB	Handelsgesetzbuch
h. M.	herrschende Meinung
Hrsg.	Herausgeber
IOC	International Olympic Committee (Internationales Olympisches Komitee)
Kap.	Kapitel
KommJur	Zeitschrift Kommunaljurist
KorrBekG	Korruptionsbekämpfungsgesetz
KWG	Gesetz über das Kreditwesen
LG	Landgericht
Lit.	Literatur
MAR	Market Abuse Regulation (Marktmissbrauchsverordnung)
m. w. N.	mit weiteren Nachweisen
NJW	Neue Juristische Wochenschrift
Nr.	Nummer
o. ä.	oder ähnliches
OWiG	Gesetz über Ordnungswidrigkeiten
RFH	Rheinische Fachhochschule Köln
Rn	Randnummer
Rspr.	Rechtsprechung
RT-Drucks.	Reichstags-Drucksachen
s.	siehe
S.	Seite
schwUWG	schweizerisches Gesetz gegen den Unlauteren Wettbewerb
SK-StGB	Systematischer Kommentar zum Strafgesetzbuch
sog.	sogenannte

StGB	Strafgesetzbuch
StR	Strafrechts-Report
u. a.	unter anderem
UMAG	Gesetz zur Unternehmensintegrität und Modernisierung des Anfechtungsrechts
Urt.	Urteil
UWG	Gesetz gegen den unlauteren Wettbewerb
v.	vom
wistra	Zeitschrift für Wirtschafts- und Steuerstrafrecht
WM	Weltmeisterschaft
WpHG	Wertpapierhandelsgesetz
z. B.	zum Beispiel
ZDF	Zweites Deutsches Fernsehen

Quellenverzeichnis

Achenbach, Hans, Andreas Ransiek, Thomas Rönnau, und Katharina Beckemper, Hrsg. *Handbuch Wirtschaftsstrafrecht*. 4., Neu bearbeitete Auflage. Heidelberg: C. F. Müller, 2015.

Acker, Wendelin, und Jan Ehling. „Einladung in die Business-Lounge? – Strafbarkeitsrisiko bei Vergabe oder Annahme von Einladungen im geschäftlichen Verkehr". *Betriebs-Berater* 41.2012 (10. August 2012): 2517–22.

Alexander, Thorsten. *Die strafrechtliche Verantwortlichkeit für die Wahrung der Verkehrssicherungspflichten in Unternehmen*. Studien zum Wirtschaftsstrafrecht, 25. Herbolzheim, 2005. http://search.ebscohost.com/login.aspx?direct=true&scope=site&db=nlebk&db=nlabk&AN=1334579.

Androulakis, Ioannis N. *Die Globalisierung der Korruptionsbekämpfung: eine Untersuchung zur Entstehung, zum Inhalt und zu den Auswirkungen des internationalen Korruptionsstrafrechts unter Berücksichtigung der sozialökonomischen Hintergründe*. 1. Aufl. Schriftenreihe zum deutschen, europäischen und internationalen Wirtschaftsstrafrecht 5. Baden-Baden: Nomos, 2007.

ARAG/Garmenbeck (Bundesgerichtshof 21. April 1997).

Ax, Thomas, Matthias Schneider, und Jacob Scheffen. *Rechtshandbuch Korruptionsbekämpfung: Prävention – Compliance – Vergabeverfahren – Sanktionen – Selbstreinigung*. 2., Völlig neu bearb. und wesentlich erw. Aufl. Berlin: Erich Schmidt, 2010.

Beckemper, Katharina, und Thomas Rotsch, Hrsg. *Criminal Compliance: Handbuch*. 1. Aufl. Baden-Baden: Nomos-Verl.-Ges, 2015.

Beisheim, Dr. Carsten E., und Andreas Hecker. „Compliance-Verantwortung im Licht der ‚Siemens/ Neubürger'-Entscheidung – auch bei Unternehmen der öffentlichen Hand". Herausgegeben von Prof. Dr. Hans-Jörg Birk et. al. *Zeitschrift Kommunaljurist*, Nr. Heft 2, 2015 (Februar 2015). http://www.luther-lawfirm.com/fileadmin/user_upload/PDF/Veroeffentlichungen/Aufsatz_KommJur_15_02.pdf.

„BGH 1 StR 260/08 – 14. Oktober 2008 (LG Karlsruhe)“. Zugegriffen 25. März 2017. http://www.hrr-strafrecht.de/hrr/1/08/1-260-08.pdf.

„BKA – Bundeslagebilder Korruption – Bundeslagebild Korruption 2015“, o. J. https://www.bka.de/SharedDocs/Downloads/DE/Publikationen/JahresberichteUndLagebilder/Korruption/korruptionBundeslagebild2015.html;jsessionid=C4FD70EFA6296D1245AC065252CC5244.live0601?nn=28078.

Bock, Dennis. *Criminal Compliance.* 1. Aufl. Schriften zu Compliance, Bd. 1. Baden-Baden: Nomos, 2011.

Borussia Dortmund GmbH & Co. KGaA. „Corporate Governance / Corporate Governance / BVB Aktie“. BVB.de. Zugegriffen 5. Mai 2017. http://aktie.bvb.de/Corporate-Governance/Corporate-Governance.

Brouwer, Tobias. „Compliance im Wirtschaftsverband“. *Corporate Compliance Zeitschrift*, 2009, 161–68.

Congress of the United States of America. Foreign Corrupt Practices Act of 1977, as amended, („FCPA“), 15 U.S.C. §§ 78dd-1, et seq. § (1977). https://www.justice.gov/criminal-fraud/foreign-corrupt-practices-act.

———. Sarbanes Oxley Act, PUBLIC LAW 107–204—JULY 30, 2002 § (2002). http://www.soxlaw.com/.

„Deutscher Corporate Governance Kodex_finale_Version_D.pdf“. Zugegriffen 27. April 2017. http://www.dcgk.de//files/dcgk/usercontent/de/download/kodex/170424_Kodex_finale_Version_D.pdf.

Dr. Holger Blask (DFL), und Dr. Friedrich Curtius (DFB). „DFB_Broschuere_Hospitality_09-11_100dpi.pd“, Juli 2011. http://www.dfb.de/fileadmin/_dfbdam/16574-dfb_broschuere_hospitality_09-11_100dpi.pdf.

EnBW Urteil. BGH, 14. 10. 2008 – 1 StR 260/08 – Tickets an politische Funktionsträger. Urt., No. 1 StR 260/08 (BGH 14. Oktober 2008).

EU. „Verordnung (EU) Nr. 596/2014 des Europäischen Parlaments und des Rates vom 16. April 2014 über Marktmissbrauch (Marktmissbrauchsverordnung) und zur Aufhebung der Richtlinie 2003/6/EG des Europäischen Parlaments und des Rates und der Richtlinien 2003/124/EG, 2003/125/EG und 2004/72/EG der KommissionText von Bedeutung für den EWR – http://eur-lex.europa.eu/legal-content/DE/TXT/PDF/?uri=CELEX:32014R0596&from=DE". Zugegriffen 7. Mai 2017. http://eur-lex.europa.eu/legal-content/DE/TXT/PDF/?uri=CELEX:32014R0596&from=DE.

Eufinger, Alexander. „Zu den historischen Ursprüngen der Compliance". *Corporate Compliance Zeitschrift*, 2012, 21–22.

FIFA, Fédération Internationale de Football Association. „FIFA Ethikreglement (Codeofethics v211015_d_german.pdf)". *http://de.fifa.com/governance/*, 25. Juli 2012. http://resources.fifa.com/mm/document/affederation/administration/50/02/82/codeofethics_v211015_d_german.pdf.

Fischer, Thomas. *Strafgesetzbuch mit Nebengesetzen*. 64. Auflage. Beck'sche Kurz-Kommentare, Band 10. München: C.H. Beck, 2017.

Fleischer, Holger. „Corporate Compliance im aktienrechtlichen Unternehmensverbund". *Corporate Compliance Zeitschrift*, 2008, 1–6.

Frankfurter Allgemeine Zeitung, und Michael Ashelm. „Hoeneß und die offenen Fragen: Wie schmutzig ist der Fußball?" *FAZ.NET*, 16. März 2014. http://www.faz.net/1.2848731.

Gabler Wirtschaftslexikons. „zitierfähige URL (/Archiv/974047190/business-judgement-rule-v4.html) für Business Judgement Rule (Version". *Gabler Wirtschaftslexikons*. Zugegriffen 30. April 2017. http://wirtschaftslexikon.gabler.de/Definition/business-judgement-rule.html.

Garantenpflicht für Leiter Innenrevision. BGH, 17. 7. 2009 – 5 StR 394/08 – Überhöhte Straßenreinigungsentgelte. Urt., No. 5 StR 394/08 (BGH 17. Juli 2009).

Geismar, Anne-Gwendolin. *Der Tatbestand der Aufsichtspflichtverletzung bei der Ahndung von Wirtschaftsdelikten: eine Untersuchung zu § 130 OWiG unter Berücksichtigung des Kartellordnungswidrigkeitenrechts*. 1. Aufl. Nomos Universitätsschriften Recht 767. Baden-Baden: Nomos, 2012.

Goette, Wulf, Mathias Habersack, und Susanne Kalss, Hrsg. *Münchener Kommentar zum Aktiengesetz*. 3. Aufl. Bd. Band 3: §§ 118-178. 7 Bde. München: Beck / Vahlen, 2008.

Graeff, Peter, Karenina Schröder, Sebastian Wolf, und Transparency International Deutschland, Hrsg. *Der Korruptionsfall Siemens: Analysen und praxisnahe Folgerungen des wissenschaftlichen Arbeitskreises von Transparency International Deutschland.* 1. Aufl. Baden-Baden: Nomos, 2009.

Hauschka, Christoph E., Klaus Moosmayer, und Thomas Lösler, Hrsg. *Corporate Compliance: Handbuch der Haftungsvermeidung im Unternehmen.* 3., Überarbeitete und erweiterte Auflage. München: C.H. Beck, 2016.

Hefendehl, Roland, Wolfgang Joecks, Olaf Hohmann, Klaus Miebach, Ralph Alt, Hans Dahs, Alfred Dierlamm, u. a. *Münchener Kommentar zum Strafgesetzbuch/Münchener Kommentar zum Strafgesetzbuch Bd. 5: §§ 263-358 StGB*, 2017.

Hellmann, Uwe, und Katharina Beckemper, Hrsg. *Wirtschaftsstrafrecht.* 4., Neu bearb. Aufl. Studienbücher Rechtswissenschaften und Verwaltung. Stuttgart: Kohlhammer, 2013.

Hugger, Heiner. „S20-Leitfaden „Hospitality und Strafrecht"". *Corporate Compliance Zeitschrift*, 2012, 65–67.

Kindhäuser, Urs, Ulfrid Neumann, und Hans-Ullrich Paeffgen, Hrsg. *Nomos Kommentar Strafgesetzbuch. Bd. 3: [§§ 232 – 358].* 4. Aufl. Nomos-Kommentar. Baden-Baden: Nomos-Verl.-Ges, 2013.

Klaiber, Oliver. *Die Berücksichtigung von Compliance-Programmen bei den Rechtsfolgen von Kartellverstössen.* Europäische Hochschulschriften. Reihe II, Rechtswissenschaft, Band 5514. Frankfurt am Main: PL Academic Research, 2013.

Lackner, Karl, und Kristian Kühl, Hrsg. *Strafgesetzbuch: Kommentar.* 28., Neu bearbeitete Auflage. München: C.H. Beck, 2014.

Larisch, Tobias, und Moritz von Hesberg. „Vorstandspflichten und Compliance-Anforderungen im eingetragenen Verein". *Corporate Compliance Zeitschrift*, 2017, 17–24.

Laufhütte, Heinrich Wilhelm, Ruth Rissing-van Saan, und Klaus Tiedemann, Hrsg. *Strafgesetzbuch: Leipziger Kommentar: Grosskommentar.* 12., Neu bearbeitete Aufl. Bd. 10 §§ 284-305 a; Berlin: de Gruyter Recht, 2008.

Lederspray Entscheidung (Urteil) Az: 2 StR 549/89 (Bundesgerichtshof 7. Juni 1990).

Marschlich, Annette. „Praxis der Compliance-Organisation: Geschenke und Einladungen“. *Corporate Compliance Zeitschrift*, 2010, 110–12.

McKinsey. „Mckinsey_wachstumsmotor_bundesliga.pdf“. *https://www.mckinsey.de*, 2015. https://www.mckinsey.de/files/mckinsey_wachstumsmotor_bundesliga.pdf.

Meier-Greve, Daniel. „Vorstandshaftung wegen mangelhafter Corporate Compliance“. *Betriebs-Berater*, Nr. Heft 48 (2009): 12.

———. „Zur Unabhängigkeit des sog. Compliance Officers“. *Corporate Compliance Zeitschrift*, 2010, 216–21.

Mölders, Simone. *Bestechung und Bestechlichkeit im internationalen geschäftlichen Verkehr: Zur Anwendbarkeit des § 299 StGB auf Sachverhalte und Auslandsbezug.* 1. Aufl. Frankfurt a.M. ; New York: Peter Lang GmbH, Internationaler Verlag der Wissenschaften, 2009.

Müller, Christian H. *Kartellrechtscompliance in Deutschland: Rechtspflicht, Gründe und Auswirkungen.* a Europäische Hochschulschriften. Reihe II, Rechtswissenschaft, Bd. 5295. Frankfurt am Main: Peter Lang, 2012.

Noack, Paul. *Korruption, die andere Seite der Macht.* Kindler, 1985.

Noonan, John Thomas. *Bribes.* University of California Press, 1987.

Pape, Jonas. *Corporate compliance: Rechtspflichten zur Verhaltenssteuerung von Unternehmensangehörigen in Deutschland und den USA.* 1. Auflage. Berliner Juristische Universitätsschriften Zivilrecht 64. Berlin: BWV, Berliner Wiss.-Verl, 2011.

———. „Zur Wirksamkeit von Corporate Compliance“. *Corporate Compliance Zeitschrift*, 2009, 233–36.

Passarge, Malte, und Stefan Behringer, Hrsg. *Handbuch Compliance international: Recht und Praxis der Korruptionsprävention.* Berlin: Schmidt, 2015.

Pelz, Christian. „We observe local law – Strafrechtskonflikte in internationalen Compliance-Programmen“. *Corporate Compliance Zeitschrift*, 2013, 234–40.

Pfefferle, Roland, und Simon Pfefferle. *Korruption im geschäftlichen Verkehr: Schmiergeldzahlungen und die Folgen*. Rechtswissenschaften und Verwaltung : Handbuch. Stuttgart: Kohlhammer, 2011.

Rathgeber, Christian. *Criminal Compliance: kriminalpräventive Organisations- und Aufsichtspflichten am Beispiel der Wirtschaftskorruption*. 1. Aufl. Schriften zu Compliance 4. Baden-Baden: Nomos, 2012.

Reichert, Bernhard, Martin Schimke, und Jörg Dauernheim, Hrsg. *Handbuch Vereins- und Verbandsrecht*. 13. Auflage. Köln: Luchterhand, 2016.

Renz, Hartmut, und Dirk Hense, Hrsg. *Organisation der Wertpapier-Compliance-Funktion: Implementierung angemessener Compliance-Strukturen*. Berlin: Schmidt, 2012.

Rosinus, Christian. *Haftungsvermeidung und -minimierung bei Aufsichtspflichtverletzung und Verbandsgeldbuße durch Compliance in der Praxis: eine Studie*. 1. Auflage. Schriftenreihe zum deutschen, europäischen und internationalen Wirtschaftsstrafrecht, Band 27. Baden-Baden: Nomos, 2015.

S20 – The Sponsor's Voice. „Hospitality_Strafrecht_Leitfaden_s20.pdf", Juli 2011. http://www.dfb.de/fileadmin/_dfbdam/16533-Hospitality_Strafrecht_leitfaden_s20.pdf.

Säcker, Franz-Jürgen, Roland Rixecker, Hartmut Oetker, Bettina Limperg, und Germany, Hrsg. *Münchener Kommentar zum Bürgerlichen Gesetzbuch*. 7. Auflage. München: C.H. Beck, 2015.

Schenk, Sylvia. „Compliance im Sport", 10. Juni 2014. https://www.transparency.de/fileadmin/pdfs/Themen/Sport/Schenk_Compliance_im_Sport_14-06-10.pdf.

Schneider, Uwe H. „Compliance als Aufgabe der Unternehmensleitung". *Zeitshrift für Wirtschaftsrecht*, 11. April 2003. https://www.zip-online.de/heft-15-2003/zip-2003-645-compliance-als-aufgabe-der-unternehmensleitung/.

Siemens – Enel-Verfahren Az: 712 Js 5213/04 – 9 KLs (Landgericht Darmstadt 14. Mai 2007).

Siemens/ Neubürger Entscheidung LG München I, Urteil vom 10. Dezember 2013 – Az. 5HK O 1387/10, 5HK O 1387/10 (Dezember 2013).

Stanitzek, Rebekka. *Die Bedeutung von Criminal Compliance für das Strafrecht bei der Bekämpfung von Wirtschaftskorruption*. Schriftenreihe Strafrecht in Forschung und Praxis 256. Hamburg: Kovač, 2013.

Szeny, Dr. André-M., und Dr. Johan-Michel Menke. „Compliance im Fußball: Handlungsbedarf und Umsetzungshinweise". *HEUKING KÜHN LÜER WOJTEK*, 23. November 2015. https://www.heuking.de/de/news-events/fachbeitraege/compliance-im-fussball-handlungsbedarf-und-umsetzungshinweise.html.

Überhofen, Michael. *Korruption und Bestechungsdelikte im staatlichen Bereich. Ein Rechtsvergleich und Reformüberlegungen zum deutschen Recht*. Freiburg im Breisgau. Edition Iuscrim. 1999.

Ulbricht, Julia. *Bestechung und Bestechlichkeit im geschäftlichen Verkehr: § 299 StGB*. Studienreihe wirtschaftsrechtliche Forschungsergebnisse 111. Hamburg: Kovač, 2007.

United Kingdom. Bribery Act 2010 (2011). http://www.legislation.gov.uk/ukpga/2010/23/pdfs/ukpga_20100023_en.pdf.

Vahlenkamp, Werner, und Ina Knauß. *Korruption – hinnehmen oder handeln ?* 2. BKA Forschungsreihe, 33. Band. Wiesbaden: Wiesbaden, BKA, 1995, 1997.

Valerius, Brian. „Zur Sozialadäquanz im Strafrecht". *Juristische Arbeitsblätter*, August 2014, 561–66.

Vasilikou, Thea. *Zuwendungen im geschäftlichen Verkehr: Wo hört die Kundenpflege auf und wo beginnt Korruption?* 1. Auflage. Studien zum Wirtschaftsstrafrecht, Neue Folge, Band 8. Baden-Baden: Nomos, 2016.

Wettstein, Frank, und Malte Passarge. „Fußball und Compliance – Eine Geschichte von Missverständnissen?" *Compliance Berater Zeitschrift*, 2016, 221–24.

Wolter, Jürgen, Hrsg. *SK-StGB: systematischer Kommentar zum Strafgesetzbuch*. 9., Neu bearbeitete Auflage. Köln: Carl Heymanns Verlag, 2016.

Zimmermann, Georg. „Die arbeitsrechtliche Implementierung von Compliance-Richtlinien und Konsequenzen bei Bestechlichkeit und Bestechung im geschäftlichen Verkehr (eBook, ePUB)“, 2015. http://www.buecher.de/shop/vertraege/die-arbeitsrechtliche-implementierung-von-compliance-richtlinien-und-konsequenzen-bei-bestechlichkeit-und-be/-/products_products/detail/prod_id/45326889/.

§ 299 Bestechlichkeit und Bestechung im geschäftlichen Verkehr

(1) Mit Freiheitsstrafe bis zu drei Jahren oder Geldstrafe wird bestraft, wer im geschäftlichen Verkehr als Angestellter oder Beauftragter eines Unternehmens

1. einen Vorteil für sich oder einen Dritten als Gegenleistung dafür fordert, sich versprechen lässt oder annimmt, dass er bei dem Bezug von Waren oder Dienstleistungen einen anderen im inländischen oder ausländischen Wettbewerb in unlauterer Weise bevorzuge, oder

2. ohne Einwilligung des Unternehmens einen Vorteil für sich oder einen Dritten als Gegenleistung dafür fordert, sich versprechen lässt oder annimmt, dass er bei dem Bezug von Waren oder Dienstleistungen eine Handlung vornehme oder unterlasse und dadurch seine Pflichten gegenüber dem Unternehmen verletze.

(2) Ebenso wird bestraft, wer im geschäftlichen Verkehr einem Angestellten oder Beauftragten eines Unternehmens

1. einen Vorteil für diesen oder einen Dritten als Gegenleistung dafür anbietet, verspricht oder gewährt, dass er bei dem Bezug von Waren oder Dienstleistungen ihn oder einen anderen im inländischen oder ausländischen Wettbewerb in unlauterer Weise bevorzuge, oder

2. ohne Einwilligung des Unternehmens einen Vorteil für diesen oder einen Dritten als Gegenleistung dafür anbietet, verspricht oder gewährt, dass er bei dem Bezug von Waren oder Dienstleistungen eine Handlung vornehme oder unterlasse und dadurch seine Pflichten gegenüber dem Unternehmen verletze.

Zeitfracht Medien GmbH
Ferdinand-Jühlke-Straße 7
99095 Erfurt, Deutschland
produktsicherheit@kolibri360.de